売ってはいけない

売らなくても儲かる仕組みを科学する

永井孝尚
Nagai Takahisa

PHP新書

まえがき

マーケティング発想で、「販売が不要」になる

日本のビジネスパーソンは、正しい売り方をまったく知らない人ばかりだ。
これが、会社に閉塞感が漂う大きな原因の一つである。
セールスの達人と言われる人も、例外ではない。

ある会社で、営業責任者が社長に就任した。
彼の口癖は「数字は人格」「セールスが一番偉い」。
社員には「大事なのは売上。今期売上に関係ない活動はやめろ」と厳命。
目標達成が厳しくなると社内会議はすべて中止し、全社員が売り子にかり出される。
営業成績優秀者には青天井のボーナス。ノルマ未達者は厳しく処遇。
就任直後からカンフル剤を打ち続け、売上は伸びた。
しかし、こんな無茶は続かない。その後まもなく、会社は低迷を始めた。

パワハラ問題で彼は辞任。社内がバラバラになった会社は、立て直しの真っ最中だ。

社名がわからないように話を丸めているが、私が関わった会社の実話である。


現場も同じだ。こんな電話を受けたことのある人は多いのではないだろうか?

「〇〇社の□□と申します。お得な分譲マンションのご案内でお電話を差し上げました」

「どちらにおかけですか?」

「いまお電話を差し上げているお客様に、お電話しているのですが……」

「ですから、お電話をかけているお相手は、どなたですか?」

「……電話番号リストの順番に、電話しているんですけど」

売り込み先が誰なのか、当の本人も知らない。こんな売り方で売れたら奇跡だ。

ちなみに固定電話の時代は、受話器をテープで手に固定して、一日中電話をさせ、強引に粘ることもあったそうだ。


販売至上主義で売れた時代は、とうの昔に終わった。

世の中は急速に変わっている。

いまや「売らない店」が時代の最先端になり、商品開発の方法論もまったく変わり、流行のサブスクリプションは従来の売り方では失敗するし、カスタマーサクセスというまったく新しい仕事も生まれている。

しかし世の中では、いまだに昭和時代の「大量生産し、安価で大量販売」のやり方が主流である。

現場は疲弊。お客は怒り、逃げ出す。企業は儲からない。みな苦しんでいる。

2019年に話題になったかんぽ生命やレオパレス21などの不祥事の裏には、こんな間違った売り方が隠れていることも多い。

頑張って売っても儲からない理由

問題の根っこにあるのは、「売ること」しか考えていないことだ。

ほんのちょっとだけ視野を拡げてみると、まったく変わってくる。

「マーケティングの究極目的は、販売を不要にすることだ」と言ったのは、かのドラッカーだ。必要なのは、販売至上主義からマーケティング発想への転換なのだ。

マーケティング発想がないから、いくら頑張って売り込んでも、儲からない。

売ることが、すべてダメなのではない。
売ることしか考えていないのが、ダメなのだ。
マーケティング発想で、ムリに売らずに自然に売れる仕組みを考えるべきなのだ。
お客は幸せになり、売り手が疲弊することもなくなり、より幸福な世の中になる。

そこで本書では、ありがちな「売ってはいけない」ケースを取り上げ、理由を解明し、どのようにすれば売れるようになるかを、テーマ別に6章構成で具体的に考えていく。

第1章では、無理に売るのをやめて成功した事例を取り上げ、その理由を掘り下げる。
第2章以降では、具体的な方法を紹介していく。
第2章は「販売戦略」。「お客様は神様」と考えて売ると、逆に売れなくなる。
第3章は「顧客」。私たちは意外と顧客のことを知らないのだ。
第4章は「プロモーション戦略」。目立つだけでは売れない時代だ。
第5章は「商品の戦略」。「商品開発」という発想自体を変えることが必要だ。
第6章は「価格戦略」。売れる価格だからといって、売ってはいけないのだ。

最後に「長めのあとがき」で、売る仕組みを定着させる方法を考えていく。

販売至上主義からマーケティング発想へ

まずは販売至上主義から脱却し、マーケティング発想に切り替えることだ。

そして「売ってはいけない」のがどんな状況なのか、その理由が何なのかがわかれば、売れて儲かるようになる。

実際に、私も多くの人たちから様々なご相談を受けてきた。

印刷業界は低迷が続いている。創業100年近い、ある老舗《しにせ》の印刷会社は、典型的な販売至上主義に陥《おちい》っていた。国内取引先から渡されたデータを印刷する受注型ビジネスで、値引き競争を長年続けてきた。自らの考えで動く社員も少なかった。

この会社に勤めるマネージャーが私が主宰する永井塾に参加し、こんな相談をされた。

「危機感を持っている。この状況を変革したい」

そこで私は、次の点をお伝えした。

・受注だけに頼るこれまでの売り方は、価格競争で消耗してしまうので続かない。マーケティング発想に切り替えるべきだ。海外などのより大きな市場を狙い、こちらから提案を仕掛け、お客様の方から「ぜひ御社にお願いしたい」と言ってくれるようにすることが必要。

・「言われた通りに仕事をしていればいい」と考えがちな社員の中でも、マーケティング発想が必要だと理解する人はたとえ少数でも必ずいる。そんなメンバーを見つけて仲間にして、マーケティング発想の組織に変えていってはどうか？

この方はその後も永井塾に参加し、マーケティング発想を学び続けた。

そして、若手とともに動き始め、洗練されたクリエイティブ制作を海外プロダクションに提案する高付加価値の提案型ビジネスを立ち上げた。

この方による中堅・若手との取り組みで成果が出てきたおかげで、停滞していた社内の雰囲気も次第に活気が生まれ始めて、マーケティング発想も自然発生的に浸透しつつあるという。

このように本書の多くの事例は、私がビジネスの現場で悩むお客様とともに経験してきたことに基づいている。あなたの現場の仕事でも、ぜひ参考にしてほしい。

２０１９年９月

永井孝尚

第1章　無理に売るのをやめたら、儲かるようになった

Contents

第2章 その売り方で、売ってはいけない

第3章 お客を知らずに、売ってはいけない

第4章

盛りすぎで、売ってはいけない

第5章

大市場に、売ってはいけない

第6章 売れる価格で、売ってはいけない

Contents

第1章

無理に売るのをやめたら、儲かるようになった

第1話

自分で売らずに、お客に売ってもらう

マイナス成長だったネスレが一発逆転した「売らない戦略」

商品を売るために、まったく新しい顧客に売らなければならないことがある。しかし、すでにそこに強力なライバルがいると、頑張って売っても歯が立たないことも多い。こんな時こそ発想の転換だ。自分で売ることにこだわる必要はない。

ネスレはネスカフェやキットカットなどを、コンビニやスーパーといった小売店経由で売ってきた。消費者向けの小売ビジネスでは、ネスレは豊富な経験と知名度を持っている。

一方で、ネスレ日本は2001年から10年近くマイナス成長が続いていた。買収などを除いた本業の売上高は年平均でマイナス2・3%だった。

当時のネスレは「商品を作り小売店で大量に売る」という小売店依存のビジネス。成熟した日本市場では、この大量生産・大量販売型ビジネスを続けるのは限界だった。

そこでネスレが考えたのが、問題解決型のビジネスモデルへの転換である。

目を付けたのが、従業員20名以下の小さな職場。

小さい職場にはコーヒー自販機がない。コンビニやカフェに買いに行くのも面倒だ。

この職場が日本全体で530万拠点。2300万人のビジネスパーソンが働いている。

ネスレは「ここに大きなビジネスチャンスが埋まっている」と考えた。

当時ネスレは、インスタントコーヒーのネスカフェをカートリッジにして、美味しく淹《い》れられる1杯抽出型コーヒーマシンを販売し始めていた。

小さい職場にコーヒーマシンを置いてもらえば、1杯20円で飲んでもらえる。

しかし、総務部門や購買部門を回ると、「値下げしてくれるの?」「業者登録をしてください」。

小売店経由で売っていたネスレには、法人向けビジネスの経験がなかった。

オフィス向けコーヒー市場では、すでにユニマットが数十年間、購買や総務部門に豊富な取引実績を持っていた。地道に売り込みをしても、彼らにはなかなか追いつけない。

そこで考え出したのが「ネスカフェ アンバサダー」というアイデアだ。

自販機がない小さい職場には、コーヒーブレイクがない。社員同士の交流も少なくなりがちだ。そこで「職場で仲間とコーヒーでくつろいで、コミュニケーションしたい」と考える人に、ネスレがコーヒーマシンを無償提供する。この人が「ネスカフェ アンバサダー」（ネスカフェ大使）となり、オフィスでコーヒーを提供する。

アンバサダーは自分のクレジットカードでコーヒーパックをネット購入する。

そして、同僚から彼らが飲んだコーヒーの代金を徴収する。

お客であるアンバサダーが立て替えて、職場の同僚に売ってもらうのである。

ちなみにアンバサダーはボランタリーだ。ネスレはお金を払っていない。

ネスレはアンバサダーが職場の同僚を説得するための「らくらく社内説得キット」も作り、ネットでダウンロードできるようにした。

アンバサダー経由で売ることで、購買部門や総務部門の承認は不要になった。

ネスレはマシンを無償提供するかわりに、1杯20円のコーヒーパックで儲ける。

実際にネスカフェ アンバサダーを始めると、小さい職場だけでなく、病院や学校、美容室、さらにトラックの運転席など、ネスレが想定していない職場にも拡がっていった。

タダで配り、たくさん儲ける

ネスレはアンバサダーの声を常に聴き、要望に対応している。その一つが「ラク楽お届け便」。注文しなくても定期的にコーヒーパックが届く仕組みだ。これで注文し忘れが減り、より多くのアンバサダーが継続してコーヒーパックを注文できるようになった。

ネスカフェ アンバサダーの利用者は、2019年には45万人を超えた。

当初「マシンを無償提供する」という方針を出した時、社内マシン販売部門から「なぜタダで配るんだ！」と詰め寄られたという。しかし、オフィスでマシンの存在を知った人たちは、家庭用にマシンを買うようになった。マシンの販売台数は200万台を超えた。

さらにネスレは、ネスカフェ アンバサダーで培《つちか》った定期購入モデル、ネット販売とサイト運営、配送などの経験を活かし、新事業も展開している。たとえば近年「ペットは家族の一員」と考える家庭が増えている。そこで、獣医師から指導を受けている飼い主に限定して、犬猫向けの療養食の定期購入サービスを提供し、1万人超の定期購入者を獲得した。

ネスレ日本の、買収などを除いた本業の売上高は、2010年からプラスに転じたそうだ。

売る方法は、発想を変えればいくらでもある。お客に売ってもらう方法もある。
まず考えるべきは、ターゲットの顧客を見極めて、その課題を理解することだ。
そして解決策をどのように提供するかを、それまでの常識に囚われずに考えるのだ。

| POINT |

顧客に売れなくても自社の強みを活かせば、売る方法はある

第2話

店で売るのは、やめる

「買い物はスマホ」という人は多いだろう。我が家も、買い物の大半はネットだ。幅広い商品を選べるし、翌日には届く。店から持ち帰る必要もない。しかも安い。

私は夏用のTシャツもネット注文だ。好きな色を選び、好きな刺繍《ししゅう》にネームを入れて、自分好みのTシャツに仕上げることができる。

こんな時代なので、「もう店で売るのは無理……」と思う人がいてもおかしくない。

だが、現実には、ネット普及でリアル店舗の新しい可能性が生まれている。

あえて店で売らないのだ。売ることにこだわっていると、これはなかなか気づけない。

「試着のみ店舗」をおしすすめるGU

GUが原宿に商品を売らない次世代型店舗「GUスタイルスタジオ」をオープンしたというので、実際に行ってみた。

「次世代型店舗」という割には、意外と狭い。

大阪・心斎橋にある超大型店と比べて1／3の面積。でも、品揃えはほぼ同じだという。

それもそのはず、この店は試着専門の店なのだ。気に入った服はスマホで買う。

準備は簡単。スマホにGUアプリを入れて、ユニクロのネット販売で使っているIDでログイン。これだけだ。

早速、店でいい感じのTシャツを見つけた。Tシャツのタグに印刷されたQRコードをアプリで読み取り、その場でアプリから注文。これで決済は終了である。

翌日、自宅にTシャツが配送された。

レジに行列してお金を払い、家まで商品を持ち帰る必要はない。


GUも「店は試着のみ。販売はネット」と割り切ることで多くのメリットが生まれた。

店には見本の服だけ置けばOK。売るための商品在庫は不要。狭い店でも、フルラインを揃えられる。原宿のような一等地でも、低コストで店を出店できる。

普通のGU店舗では、店員は品出しやレジ打ちの仕事で忙しそうだ。

しかし、この店の店員はお客一人ひとりに付き、接客している。

店員が店本来の接客サービスである着こなしアドバイスに集中できるのは、店から品出しやレジ打ちの作業が消えたからだ。

世の中には情報があふれている。そんななかから商品を選んでもらうには、商品を体験できる環境を魅力的にすることだ。そこで、GUは「豊富な品揃え」「コーディネートの自由」「便利さ」の三つをコンセプトに、GUスタイルスタジオをオープンした。

集まった顧客からの情報や生の声は、商品開発・生産・物流などにも活かし、よりお客が欲しくなる商品提供に繋げている。現在GUのネット販売比率は6%だが、今後30%まで高めることを目指しているという。

GUはユニクロを展開するファーストリテイリングが運営している。

ファーストリテイリングは、顧客が欲しいと思う商品をすぐに商品化して届けられることを目指し、会社を根本から変革するために、有明倉庫に本部を移して「有明プロジェクト」を推進している。

GUスタイルスタジオは、有明プロジェクト推進の一環なのだ。

GUは実店舗の「接客ができる」という強みと、「豊富な品揃えで商品を届けられる」というネットの強みの相乗効果を狙っているのだ。

マルイではすでに「商品を売っていない」！

丸井も、別のアプローチでリアル店舗の可能性を拡げている。

丸井と言えば、かつては「ヤングファッションの店」。

駅前の一等地に次々と出店し、「駅のソバの丸井」というキャッチコピーでテレビCMを大量に流し、「DCブランドブーム」を生み出し、アパレルショップを展開して売りまくった。しかし、今の丸井は、大きく変わっている。

たとえば、新宿マルイの3階には電子ペン大手のワコム直営店がある。ここでは商品は買えない。電子ペンを体験できるだけだ。商品はネット販売か他店で買う。接客しているのは丸井の従業員だ。ワコムから委託されて、丸井の従業員がこの店を運営している。

1階にはアップル新宿がある。ここもアップル商品の体験に特化した店だ。

いずれの店も、人の往来が激しい大通りに面する新宿マルイの低層階。いわば一等地。

多くの百貨店は、1階に高級ブランドや高価な化粧品の店を入れて売上の最大化を図っている。

丸井はこの一等地で、なんと商品を売っていないのである。

丸井は、店の売上にこだわるのをやめたのだ。

しかし、新宿マルイは大勢のお客で賑わっている。


かつての丸井は、売上と粗利を徹底的に追求する百貨店モデルだった。

しかし、社会が豊かになると、衣食住の豊かさだけを追求した百貨店モデルは限界だ。

丸井が得意なアパレルだけでは、もはや売れなくなったのである。

そこで、2014年5月、丸井は戦略を大転換し、「駅前の一等地」という強みを活かして有力テナントを誘致することにした。「商品売上を追求する」百貨店モデルから、「テナントの家賃収入を追求する」ショッピングセンター化への切り替えを決断したのである。

2019年には、当初計画していた全店舗が、家賃収入型に切り替わった。

アパレルの店舗面積は44%から29%に減る一方、顧客の要望が多かった飲食・サービスの店舗面積は18%から29%に拡大。

結果、2009年から2019年の10年間で、入店客は1・7億人から2・1億人と3割増。買い上げ客も0・5億人から1億人と2倍増。店は賑わうようになった。

しかし、デジタル化の大波が本格的に襲ってくると、丸井は「ショッピングセンター化だけでもまだ不十分だ」と考えた。

長い目で見ると、実店舗売上は下がり、ネット販売の売上が伸びていくのは確実だ。

とはいえ、実店舗にも大きな役割がある。

たとえば、私はアップル商品が好きだが、アップルが新商品を発売してもすぐにはネットで注文しない。実際にアップルストアで実物を触った上で、気に入ったらネットで買う。

このように、実店舗で商品を試してからネットで買う人は多い。

いまや「安いものはネットで即買い。こだわり品は、買う前に店舗で確認」なのだ。

丸井も企業から「実店舗をショールームのように使いたい」という要望を受けていた。

これまで実店舗は「競合するデジタルの世界に、リアルの店舗でどう勝つか？」を考えていた。しかし、いまやデジタルは当たり前。デジタルとリアルの主従関係は、逆転したのだ。デジタルを前提に、リアルの店舗を考える必要がある、ということだ。

そこで、丸井はさらなる変革を狙って、「デジタル・ネイティブ・ストア」というコンセプトを生み出した。

丸井はデジタル・ネイティブ・ストアへの進化を目指す

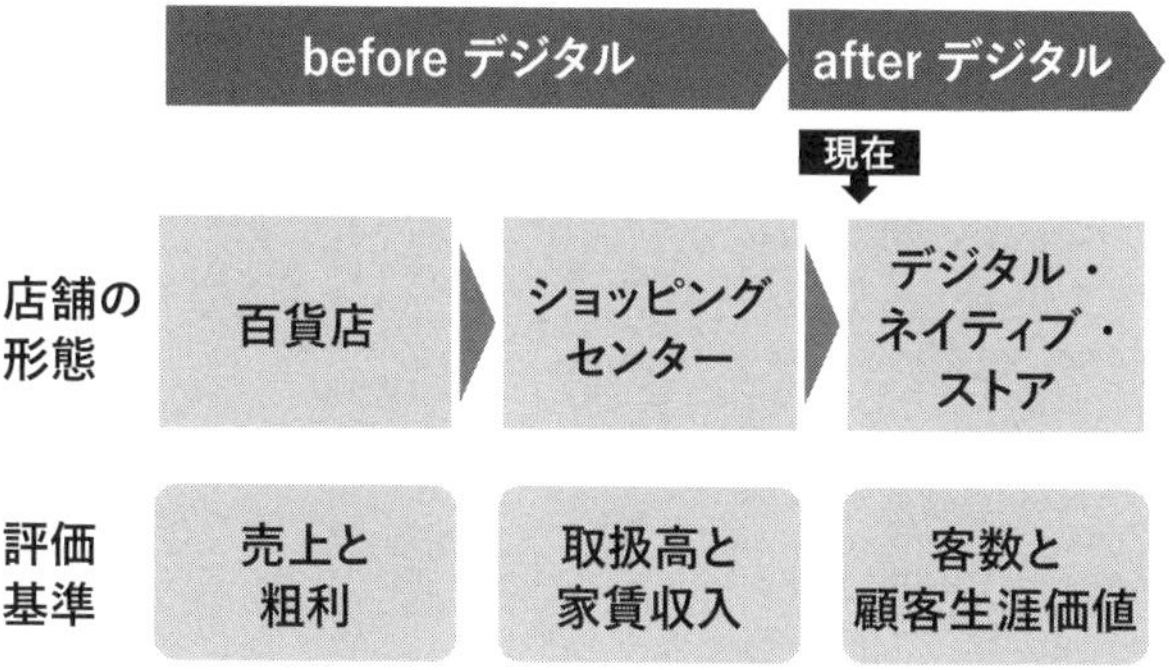

（丸井のIR情報を元に、著者が作成）

実店舗では商品を売らない。

ネット販売を前提に、商品体験と顧客が集まるコミュニティの場を提供することに特化する。

店舗の評価基準も変わる。百貨店型の「売上・粗利」や、ショッピングセンター型の「家賃収入」を追求するかわりに、客数を増やして質の高い顧客体験を提供し、テナント企業の成約率・客単価・継続率を上げることで、そのお客が将来にわたってもたらす利益、つまり「顧客生涯価値」を最大化することを追求する（顧客生涯価値は、第12話で詳しく説明する）。

実店舗は付加価値提供の場になる、ということだ。

2014年から5年かけて「ショッピングセ

ンター型」に変革した丸井は、さらに「デジタル・ネイティブ・ストア」へ変革の真っ最中だ。

GUや丸井のように、リアル店舗の新たな可能性が拡がっている。

逆にネット販売の視点から見ると、この意味がより深く理解できる。

アマゾンは、自社サイトで評価が星4つ以上のベストセラー商品や要注目商品を揃えたリアル店舗「4－star」を米国で始めている。すべての商品にはネット価格とリアルタイムに連動するデジタル値札が付けられ、通常価格とプライム会員向け価格、さらに星の数とレビューも表示されている。

アマゾンは他にも、大手小売を買収したり、無人コンビニ「Amazon－Go」を試行している。さらに、日本ではファッション分野の強化を狙い、「アット・トーキョー」というプログラムでファッションデザイナーを支援し、ファッションショーも開催した。

ネット販売の覇者アマゾンがリアル店舗を試行するのは、アマゾンが「実際に商品に触れることができない」というネット販売のジレンマに突き当たっているからだ。言い換えれば、リアル店舗にはリアル店舗ならではの価値があるのだ。

蔦屋家電＋《プラス》の意外な「儲ける仕組み」とは

かつて「王様のアイディア」という店が、日本各地の商店街にあった。

1970年代、中学生だった私は横浜駅のダイヤモンド地下街にある「王様のアイディア」のショーウィンドウに張り付いて、一つひとつ熱心に見入っていたものだ。

「ナニこれ？」と思うような独自性があるアイデア商品を、ガラス張りのショーウィンドウにびっしりとポップ広告付きで並べていた。たとえばこんな商品だ。

・「ごろねスコープ」。メガネにプリズムが入っていて、寝ながらテレビが見られる。
・「マジックカップ」。ジュースがシャーベットになる。肉厚のコップを冷凍庫で5時間冷やし、ジュースを入れてかき混ぜるとシャーベットになるという。
・「ブーブークッション」。座布団の下に隠し、座ると「ブー」という音が出る。
・当時としては超小型のラジオ。スパイになった気分を味わえる。

実際には買って1回使うと、その後はまず使わないものばかり。しかし、ワクワクして眺めていた。一方で、商品を作る側からすると、本当はずっと使ってほしいはず。商品開発はなかなか難しいものだ。

残念ながらいろいろな事情があったようで、2007年には「王様のアイディア」は全店閉鎖されてしまった。

2019年4月、蔦屋家電は「蔦屋家電＋」を二子玉川にオープンした。置いてあるのはこんな商品。実際に触ることもでき、商品の一部は購入もできる。

・歌詞を読み込み、曲調に合わせてフォントや見せ方を変えて表示するスピーカー。これまでに味わったことがない音楽体験ができるという。16万5000円。
・留守番中の愛猫がどうしているのかが、外出先のスマホでわかる猫の首輪。猫を20年飼育する猫好きの技術者が開発したという。1万4800円。
・食パンを密封して焼けるトースター。表面はサクサクだが、生トーストのようなやわらかな焼き上がりを実現するという。2万7000円。
・生ごみ減量乾燥機。生ごみから水分を奪い乾燥させることで、臭いを消し、ゴミ袋を軽くし、コバエも湧かなくなる。約2万円。
・世界最小ワイヤレスイヤホン。1・3g。音楽を聴く機能以外はすべて排除したという。こちらも約2万円。

「欲しいなぁ」という商品もあれば、「面白そうだけど、本当に使うのかな」という商品もある。いわば「大人版・王様のアイディア」だ。

実は蔦屋家電＋は、マーケティング調査目的のショーウィンドウなのだ。

新商品が売れるかどうかは、実際に商品を出してみないとわからない。

現代では、ニーズが非常に細分化している。だから思いっきり消費者のニーズに特化しないと、商品は売れない。しかし、大きく外すことも多い。商品を実際に出してみないと、これはわからない。メーカーにとっては、大きなジレンマである。

蔦屋家電＋は、こんなメーカーのジレンマに応える店なのだ。

蔦屋家電＋で製品を展示するメーカーは、一区画を月額20万円で契約する。全部で30区画あるので、蔦屋には月600万円の売上が入る。坪当たりの売上は通常の家電店よりも高いという。ここでの商品売上は、すべてメーカーの取り分になる。

蔦屋家電＋の店員は、売上ノルマを一切持たない。リアルなお客に接して、悩みやニーズを引き出すことが仕事だ。商品を説明し、会話から顧客ニーズを巧《たく》みに引き出していく。ネット販売ではこんなことはわからない。さらに、店に設置しているＡＩカメラを使った分析データや来店客のマーケティングデータを得て、メーカーと共有している。

これらは、新商品が売れるかどうかを判断したいメーカーにとって、喉から手が出るほど欲しい貴重なマーケティングデータだ。こうして、メーカーは未発表製品の市場性を判断できるのだ。

プライバシーが気になるが、カメラの画像データからは特徴を示すデータが抽出され、「女性・30代」「商品Ａ：滞在時間10秒」といった属性データだけが保存されるという。

リアル店舗2・0という潮流

米国でも、b8ta（ベータ）という小売店が急成長している。
b8ta のミッションはサイトにも書かれている。

『発見のためにデザインされた小売店』（Retail designed for discovery.）

ここでは製品の販売試験（ベータテスト）ができる。店内にはドローンや電動スケートボードといったスタートアップ企業が開発した最先端の製品が並び、来店客は製品を体験したり注文したりできる。

b8taも商品を売ることは二の次だ。創業者は「実際に製品を触り体験してもらえるのはリアル店舗ならでは」と考えてリアル店舗を展開し、さらにカメラでデータを収集して、メーカーにフィードバックする仕組みを作っている。メーカーは数日あれば商品を置いてもらえる。顧客の反応はカメラで記録され、データはリアルタイムに取得できる。

本格的なデジタル時代になった今、リアル店舗の新しい役割が見え始めている。

チャネル戦略から見た、リアル店舗の役割とは

顧客への販売経路のことをチャネルという。

リアル店舗もネット販売も、チャネルの一つだ。

このチャネルには、三つの役割がある。

デジタル時代は、リアル店舗の役割が変わる

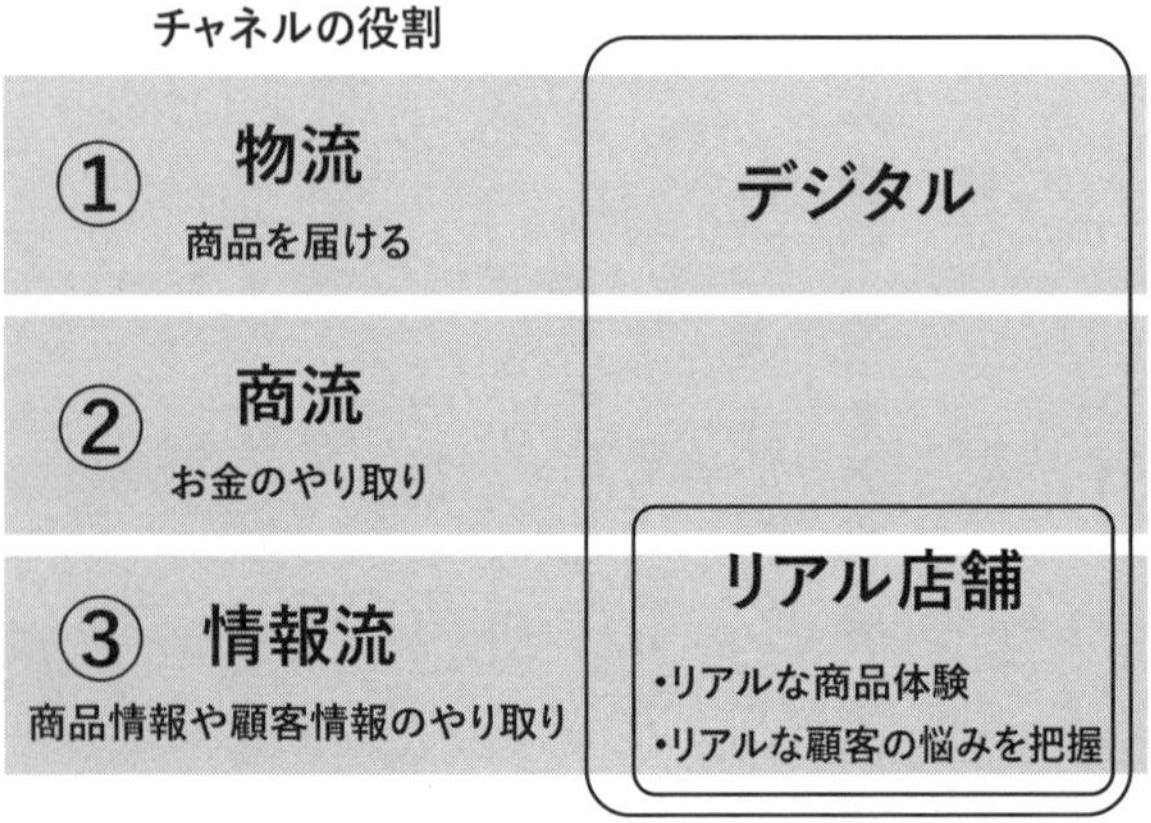

①物流（商品を届ける）
②商流（お金のやり取り）
③情報流（商品情報や顧客情報のやり取り）

このうち「売る」のは「物流」と「商流」だ。この二つについては、ネット販売で大部分をカバーできるようになった。しかし「情報流」については、ネット販売といえども完璧ではない。

GUや丸井のように、リアルな商品体験は、リアル店舗でしかできない。

さらに、蔦屋家電＋のように、顧客が言葉でうまく表現できないニーズを汲み取るのは、実際に顧客に接してみないとわからない。

ネット時代の今だからこそ、リアル店舗では「情報流」の役割が増している。
そのためには、店の役割を「売る」ことだけに留めないことも、必要なのだ。

| POINT |

売るのをやめれば、リアル店舗の可能性は拡がっていく

第3話 売る以外で、儲ける

入場料を取る書店が大流行《はや》り

出版業界の低迷が続いている。紙の出版販売額は20年で半分に縮小しているという。ビジネス書の著者である私にとっても、他人事ではない。

馴染みの書店も次々と閉店している。

2018年6月には、六本木の名店「青山ブックセンター」も閉店してしまった。

いまや本以外にも情報を得る手段はたくさんある。そしてネット書店のほうが、リアル書店よりも利便性は高いし、品揃えも圧倒的だ。リアル書店にとっては、厳しい戦いである。

そんななかで2018年の年末、閉店した青山ブックセンターの跡地に「文喫《ぶんきつ》」という新しい書店がオープンした。なんと入店する際にお金を取るという。早速、行ってみた。

店の入口で１５００円＋消費税を払うと、バッジが渡され、入店できる。

店の構造自体は、かつての青山ブックセンターと大きく変わらない。

しかし、空気感がまったく違う。いい感じになっていた。

お洒落で、空間的にゆったりとした余裕があるカフェ、といった感じだ。

ソファー、テーブル、さらに床の間なども用意され、お客は思い思いの姿勢でくつろいで本を読んでいる。Ｗｉ－Ｆｉも使えるので、パソコン作業もできる。

営業時間は朝９時から夜11時まで。本は読み放題。コーヒーは無料で何杯もおかわりし放題。食事もできる。大きなビーフの塊がゴロッと入っているハヤシライスも美味しい。制限時間はなく、本を読みながら飲食ができるので、何時間でも滞在できる。

店内には３万冊の蔵書がある。新刊だけではない。書店員が目利きした本ばかりだ。

１冊本を取ると、その下には関連した別の本が出てくる。こうして新たな本との運命の出合いを提供してくれる。気に入った本は買うこともできる。

読んだ本は戻す必要がない。店内に何カ所かある返本台に置いておけばいい。

いまや、休日には10人以上が入店待ちという人気店である。

街中のカフェで本を読んだり仕事をしたりする人は多いが、長居をすると時間も気になる。文喫なら、時間を気にすることなくゆったりと本を読み、食事をし、仕事もできる。もし六本木で時間に余裕があれば、ぜひ立ち寄ることをお勧めしたい店だ。

お客が何にお金を払っているのかを見極めよ

とはいえ、収益が気になるところだ。文喫は多い日には200名ほどが来店。滞在時間は平均3〜4時間。来店客の4割が書籍を購入するという。これは通常店舗の4倍だ。さらに客単価は通常店舗の3倍である。

入場料、飲食料、本の売上を全部合わせると、収支が取れているという。

文喫は出版取次で最大手の日本出版販売（日販）のグループ会社が運営している。私たちは普段馴染みがないが、出版社と書店の間を取り次いで本をスムーズに流通させるのが主な業務だ。日販は書店の価値を高める挑戦を行っている。文喫は、そんな挑戦の一つなのだ。

青山ブックセンター跡地の活用を任された日販の社員は、悩んでいたという。

あの名店・青山ブックセンターも赤字だった場所だ。普通の書店にしても、まず収益化は期待できない。

一方で、この本を読んでいるあなたは、書店に行くと「今まで知らなかった、何か新しい本と出合えるのではないか？」と無意識にワクワクすることはないだろうか？

「知らなかった知識と、偶然に出合う」というリアル書店ならではの体験を提供するためには、ゆったりと余裕を持ってくつろぎ、本を読みながら時間を過ごす必要がある。

そこで、担当者は考えた末、「リアル店舗ならではの体験」を提供する対価として有料化のアイデアを思いつき、数カ月間の準備で文喫が生まれたという。

これまでの書店は、書店ならではの「新しい知識との偶然の出合い」という価値を無料で提供していた。その価値に価格を付けるという挑戦をしているのが、文喫なのだ。

ジュンク堂新宿店が教えてくれた書店の価値

書店本来の価値を教えてくれるある出来事が、本書執筆の7年前にあった。

2012年3月、ジュンク堂書店・新宿店の閉店である。

書店員は自発的に本を持ち寄り、「本音を言えばこの本を売りたかった!! フェア」と名付けた最後のブックフェアを実施した。

本1冊1冊に、書店員の熱い手書きメッセージ付きポップが丁寧に添えられた。

店内の至る所には、特大メッセージが掲げられた。

「書店はメディアだ」

「ホント本屋が好き！」

「わたしたち、本にはいつも片想い？——書物に対する欲望と快楽、その現代的考察」

書店員の情熱は客にも伝わり、SNSの口コミで話題は急拡大。

ソーシャルメディアでは、こんな声が寄せられた。

「素晴らしすぎて、なんか久々に書店で胸がじんとなった」

「やばい行きたい、ジュンク堂新宿店行きたい」

「ジュンク堂新宿店が、店員さんたちの愛と狂気で満ちているらしい」

「ジュンク堂新宿店の店内がすごいとはよく聞くが、それが本来の小売業なのよね」

最後のブックフェアの売上は、通常の2〜3割増。3月31日の閉店日には多くの客が詰めかけ、閉店間際にはレジに大行列。書籍の棚はガラガラになった。

退店する大勢の客を、ジュンク堂新宿店の店員は総出で見送ったという。

新宿店の店長は、このように語っている。

「リアル書店が果たさなければならない役割がある。『こんな本があります』という提案型の売り場作りや、実際に本を見て選んでもらえるのは、リアル書店だからこそです」

ジュンク堂新宿店の最後のブックフェアが私たちに問いかけたことは、「書店の価値とは、本当に本を揃えて、売ることだけなのか？」ということだ。

書店の価値の本質は、「それまで知らなかった知識との偶然の出合い」である。知らなかった知識との偶然の出合いは、過去の購買履歴を元にしたネット販売のリコメンド機能では決して得られない。だから、私たちは書店に行くと知的好奇心がくすぐられ、どこかワクワクする。そして、本に囲まれた環境に居心地のよさを感じ、長居したくなる。

入場料を取る書店・文喫が目指したことは、まさにリアル書店への原点回帰なのだ。

これまで無料で提供していたことに価格を付ける

まったく別の業界でも、同じような事例はある。

私は、1980年代中頃に日本IBMに新卒で入社した。当時IBMの主力製品は、大企業向けの大型コンピュータ。IBMのセールスはコンピュータを活用した経営変革を大企業に提案し、大型コンピュータを売っていた。この経営変革の提案は無料。IBMの対価は、1台十数億円の大型コンピュータの売上だった。

その後、コンピュータの価格性能比は年々向上し、価格も大幅に下がっていった。こうなると、コンピュータ本体の売上だけでは、提案の対価を回収できない。

一方で、ITが様々な業務で広く活用されるようになっていくと、企業にとってITを活用した経営変革の提案の価値は大きく上がっていった。

そこで、IT活用による経営変革の提案に高い価格を付けて売るようにしたのが、経営コンサルティングである。いまや東大生の人気就職先ランキングには、野村総研、ボストンコンサルティンググループ、マッキンゼー、アクセンチュアなどのコンサルティング会社がズラリと並ぶほどの人気業界になっている。

私たちは、販売活動そのものからは「お金を取れない」と頭から信じ込んでいる。しかし、この常識は疑うべきである。本来高い価値があるのに、売れる商品があるがゆえに、その価値をタダで提供している業界は少なくない。

たとえば、出版業界の市場規模が大きく縮小したり、コンピュータの価格が大幅に下がったりというように、業界に大きな変化が起こった時は、価値を見直す大きなチャンスだ。

いままで販売活動のためにタダで提供していたものの価値を高めた上で、価格を付けることで、本当にその価値を必要とする顧客が集まってくるのだ。

| POINT |

業界が激変する時こそ本質を見直すチャンス。無料に値段を付けろ

第4話

必要な数よりも、1個少なく売る

その行動、商品の価値を下げてます

ユミさんはかわいいアクセサリーを手作りし、ネット販売している。

ユミさんが作るアクセサリーには、根強い人気があった。

でも彼女のアクセサリーは、決して品切れしない。

ユミさんいわく「『欲しい』というお客さんを悲しませたくないので、『これくらい売れる』という数よりも、2~3割多く作っています」。

品切れさせないために徹夜もいとわないという。だから必ず売れ残りが出る。

そこでユミさんは定期的に「感謝セール」を行い、半額で売っている。

しかし最近、「これくらい売れる」と思った数が売れなくなってきたという。

感謝セールを待って、半額で買おうとするお客が増えてきたためだ。

多くの日本メーカーが行っていることは、ユミさんが行っていることと同じだ。

商品が売れ始めると多少ムリをしてでも生産量を増やすが、供給過多になり売れ残る。

そして在庫一掃セールにより自ら価値を下げ、価格も下がってしまう。


「機会損失」という言葉がある。本来売れるのに商品がないため売れない状態のことだ。

ユミさんも多くの日本メーカーも、この機会損失を怖れて多めに作っているのだ。

しかし、そのために自ら商品の価値を下げ、結果として価格も下げている。

セブン-イレブン（以下セブン）も、機会損失を極度に嫌う。だから、コンビニの棚にはコンビニ弁当やおにぎりなどが溢れかえっている。しかし、賞味期限切れの食材も出てくる。そこで、賞味期限切れ間近の商品は、店舗の負担で泣く泣く廃棄してきた。

世間から「食べられるのに捨てるのは問題だ」と批判され始めたことで、セブンは賞味期限切れ間近の食材をポイント還元して売り始めている。

機会損失を怖れて多めに売ることで、いろいろな問題が起こってくるということだ。

「欲しがる客の数よりも1台少なく売れ」

この逆を徹底しているのが、フェラーリだ。

フェラーリは「欲しがる客の数よりも1台少なく売る」という考え方なのである。

フェラーリの歴史を紐解きながら、考えてみよう。

スーパーカーとしての性能を別にすれば、信頼性や品質面では、フェラーリよりも日本車やドイツ車のほうが高い。しかし、フェラーリは高いモデルで1億円以上。中古も高い。

フェラーリは特別なクルマなのだ。

創業者のエンツォ・フェラーリは、レースドライバーだった。

彼の最大の関心は「レースに勝つこと」。クルマを市販したのはレースの資金集めが目的だった。顧客にとってフェラーリを買うことは、フェラーリのF1活動を支援する意味があった。フェラーリの原点はここにある。

エンツォは、ビジネスマンとしての能力も高かった。

顧客は、F1レースで勝ち続けるフェラーリのマシンを周囲に見せたいために買うのであって、車本体の完成度を必ずしも求めてはいない、と見抜いていた。

そこで市販車では遮音や空調はせず、仕上げ品質にもこだわらず、生産コストを下げるためにピニンファリーナという車の設計・生産委託会社に市販車の開発と生産を委託し、作ったクルマにフェラーリのロゴを付けて売り、その利益でレース活動資金を得ていた。

その後、後任のルカ・ディ・モンテゼーモロがトップに就任するとフェラーリは大きく変わった。「全世界から最高の部品を集約し、最高品質を目指す」という方針の下、開発体制を一新し、市販車の品質を向上させた。

「スペチアーレ」という、フェラーリの節目の年に出す限定生産モデルをシリーズ化したのもこの頃だ。どんなに大金を積んでも「スペチアーレ」は買えない。過去にフェラーリを最低数億円買った顧客のみが「スペチアーレ」を買う権利を持つ。しかも、厳重な審査を通らないと売ってくれない。2013年発表の「ラ フェラーリ」は、限定499台で1億6000万円。しかも、発売前に即完売した。

しかしなぜ「限定499台」なのか？

フェラーリはかつて「フェラーリF40」という車を発売していた。当初400台の生産を謳《うた》っていたが、人気だったので最終的に1000台以上を生産。その結果、中古市場に大量のF40が出回り、特別感が消えてしまった。

そこで、後継のF50は「限定生産台数349台」とアナウンスされ、すぐ転売しない優良顧客のみに販売。即完売だった。そして、349台で生産を打ち切った。

顧客が「買わせてもらえますか？」とお願いする、フェラーリの価値づくり

もともと創業者のエンツォは、日頃から「欲しがる客の数よりも1台少なく作れ」と語っていたという。

エンツォは正確な既存顧客リストを元に、何台の市販車が売れるかを見極め、生産台数をそれより1台少なく設定した上で、販売価格を決めていたのである。

この方法はメリットが大きかった。不特定多数に興味を持ってもらう必要がないので、宣伝販促は不要になるからだ。私たちが普段見かけるフェラーリの広告は、フェラーリではなく、販売代理店が自腹を払って出しているものだ。

コモディティ化しかけたF40から学んだフェラーリは、創業者エンツォの考えに舞い戻って、F50の生産台数を絞ったのである。

限定販売モデル「スペチアーレ」は億単位の買い物にもかかわらず、わざわざ顧客が代理

店に電話して「買わせてもらえますか？」とお願いするという。フェラーリは売り込みをしないのだ。これも、フェラーリがまず大事な顧客を選び、そして特別感を持ってもらうというように、戦略的に考えた結果だ。

「あえて顧客を選んでいる」から、フェラーリは高く売れるのである。

フェラーリは中古の下取りでも高く売れる。

２０１４年、１９６２年型フェラーリ２５０ＧＴＯは39億円で落札された。

フェラーリが中古でも高く売れるのには、仕組みがある。社内の中古専門部門が「価値あるクラシックカー認定制度」を運営しているためだ。

フェラーリの中古車の審査を依頼すると、専任スタッフが部品一つひとつをキチンとチェックし、基準を満たしていれば「本物」と認定する。改造されたり状態が悪かったりすると、オリジナル状態にレストアしてくれる。だからフェラーリの中古は値崩れしない。

結果、フェラーリのブランド価値は高まる。

こうして高まったフェラーリのブランドは、ビジネスにも大きく貢献している。

２０１８年の総売上は34・2億ユーロ（４１７０億円）。うちブランド関連売上は５・０６億ユーロ（６１７億円）。これはフェラーリの「跳ね馬」マークのブランド使用料で、総売上

フェラーリの販売台数は、景気に左右されない

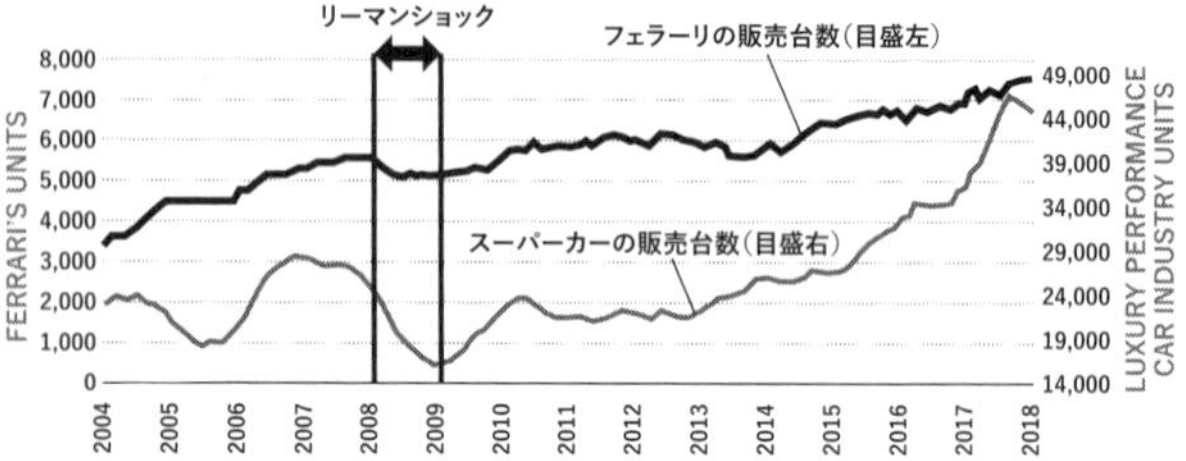

（フェラーリの IR 情報より）

の15％を占める。コストがかからないので、まるまる利益になる。

さらにフェラーリは景気に左右されない。上の図は2004年から2018年のスーパーカー全体とフェラーリの販売台数推移だ。2008年から2009年のリーマンショックの時、スーパーカー市場の販売台数は下がったが、フェラーリへの影響は少なかった。これもフェラーリが顧客を選んだ結果である。

フェラーリが欲しがる客よりも1台少なく作る理由は、ゲーム理論で考えるとわかる。

こんなゲームを考えてみてほしい。

【ゲーム1】

ルール① 先生役は♠カードを4枚、4人の生徒役は♥カードを各自1枚持っている。
ルール② ♠と♥のペアができると、1万円もらえる。
ルール③ 先生役と生徒役は1万円をどう分けるか交渉し、ペアを作るかを決める。
ルール④ ただし生徒同士は、結託してはいけない。

♠をすべて持つ先生役が圧倒的に有利に思えるが、そうではない。

先生役が「ボクが9000円、君が1000円で分けるのはどうかな？」と提案しても、生徒役は「先生取りすぎ。ボクも9000円欲しいです」と反論できるからだ。

他の生徒役3人と交渉が成立しても、先生役の手元にはまだ♠が1枚残っている。残った生徒役との交渉が成立しない限り、先生役はこの1枚をお金に換えられない。だから先生役は生徒と交渉せざるを得ない。大抵は「じゃあ、1万円を1人5000円で山分けしましょう」というあたりで落ち着く。

冒頭のユミさんや多めに作る日本メーカーは、先生役がカードを5枚以上持っている状況だ。いわば先生役が手持ちカードを大量に余らせている。だから客が買い叩ける。

次に、ゲーム1のルールを一つだけ変えてみる。

【ゲーム2】

・ルール①だけ変更。先生は♠を1枚紛失して、♠3枚しか持っていない。

途端にゲームは一変する。なんと♠の数が少ない先生役が有利になるのだ。先生役が「ボクが9000円、君が10000円でどう？」と言うと、生徒役は受け入れる以外に選択肢はない。他の生徒役3人と交渉が成立してしまうと、先生役の♠は0枚。残った生徒役はお金を入手する機会を失う。先生役の立場は強い。生徒役は先生役の言い値で交換するしかない弱い立場に変わる。フェラーリが作っているのは、この状況である。

ゲーム理論が教える付加価値の本質

これはゲーム理論の「付加価値」という概念だ。ゲーム理論の「付加価値」とは「ゲームに参加する1プレイヤーが、ゲームに持ち込む価値の量」のことだ。

手札が少ないほうが、強気になれるカラクリ

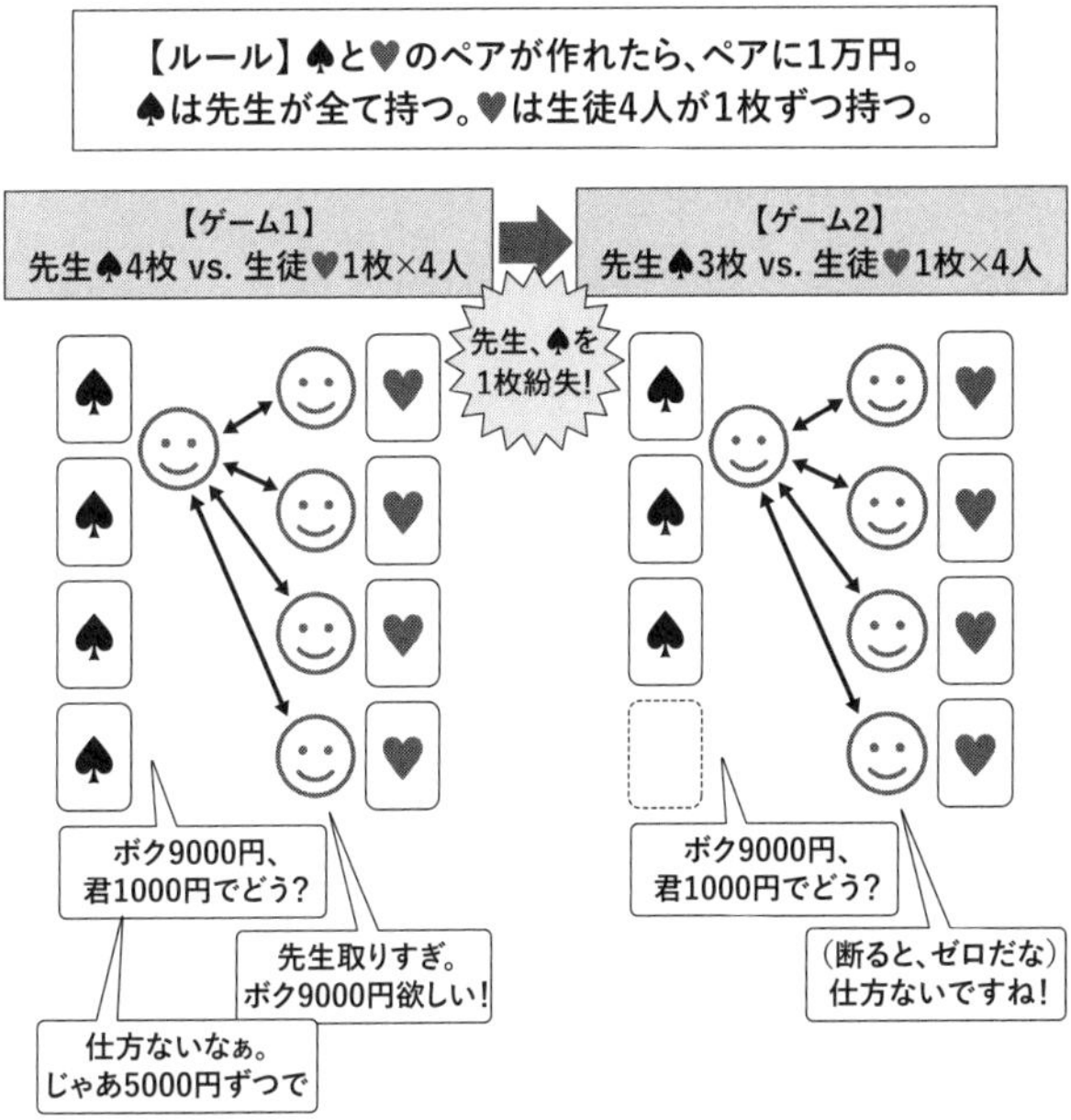
【ルール】♠と♥のペアが作れたら、ペアに1万円。
♠は先生が全て持つ。♥は生徒4人が1枚ずつ持つ。
【ゲーム1】
先生♠4枚 vs. 生徒♥1枚×4人
【ゲーム2】
先生♠3枚 vs. 生徒♥1枚×4人
先生、♠を1枚紛失!
ボク9000円、君1000円でどう?
先生取りすぎ。ボク9000円欲しい!
仕方ないなぁ。じゃあ5000円ずつで
ボク9000円、君1000円でどう?
(断ると、ゼロだな)仕方ないですね!

ゲーム1の「♠4枚vs.♥4枚」の場合、先生役の付加価値は総額4万円だ。

生徒役も1人が欠ければ1万円が失われるので、生徒役も各自1万円の付加価値を持つ。生徒役4人の付加価値合計は4万円。先生役と生徒役の付加価値総額は8万円だ。

交渉して平等に5000円で分ければ、各自が持つ付加価値の半分を得ることになるので、先生役は合計2万円、生徒役はそれぞれ5000円を得る。

ゲーム2の「♠3枚vs.♥4枚」の場合、先生役の付加価値は総額3万円だ。しかし生徒役は0円になる。どの生徒役もゲーム成立には必須の存在ではないからだ。だから付加価値の総額は3万円。先生役はとても有利に交渉できる。

交渉の結果、先生役が9000円、生徒役が1000円で分けるとすれば、先生役は合計2万7000円、生徒役は3人が1000円を得て、残った生徒役1人は0円になる。

あえて「欲しがる客よりも1台少ない」状況を作っているフェラーリは、ゲーム2の先生役と同じ状況を作っているのである。

フェラーリが、欲しがる客よりも1台少なく作る理由は、心理学で考えても説明できる。人間は「希少性があるものは、いいものだ」と思ってしまう。人は本能的に自由を求めるからだ。入手する機会が減ると「入手する」という自由を失ってしまう。人はこれを嫌う。要は「人は、自分で決められないのが嫌」なのだ。だから「欲しいものに希少性がある」と知ると、無性に欲しくなる。これを「心理的リアクタンス」という。

これと同じ考え方で高値を維持している事例は多い。

私たちは「ダイヤモンドが高いのは、希少性があるからだ」と信じている。

しかし、現実にはダイヤモンドの採掘量は増えている。ダイヤモンド流通を独占するデビアスが流通量を意図的に減らしているため、ダイヤモンドの希少性は維持されている。


フェラーリやデビアスは、人為的に希少性が高い価値を生み出しているのだ。必要以上の数を売ることは、自ら希少性を手放しているのと同じだと言ってもよい。希少性を生み出せば機会損失が生じるが、価値は高まる。

ただし条件が一つある。「顧客が何としても手に入れたい商品」であることだ。

顧客が「なければ他の商品でもいい」と思っている場合は、1個少なく売ったとしても、顧客は別商品を買うだけのことだ。

だから、まず「顧客がどうしても欲しい」という商品をつくること。

1個少なく売るべきかどうかを考えるのは、その次である。

| POINT |

あえて商品を必要な量よりも1個少なく提供すれば、価値は高まる

第2章

その売り方で、売ってはいけない

第5話

そのお客に、売ってはいけない

この客に売るべきか、売らざるべきか……

混雑している居酒屋で、怒鳴り声が聞こえた。

「おい！　オレは客だぞ！」

声の主は、どこかの会社の部長のようだ。周囲の部下らしき人たちは萎縮している。

混雑するなかで忙しく配膳する店員の脚が、彼の背中に当たったようだ。

「当たったのは2回目だ。誰のおかげでメシが食えていると思っているんだ？」

店長が飛んできて頭を下げるが、部長の怒りは収まらない。店長への説教が始まった。

「お客様は神様だろう？　オタクどんな教育しているの？」

店長はひたすら平身低頭である。

この部長は、大きな勘違いをしている。

「お客様は神様」ではない。店も会社も、お客を選べるのである。

この部長は神様というより、むしろ「疫病神《やくびょうがみ》」「モンスターカスタマー」である。

「クレーマー一発退場」で急成長したラクサス

月6800円で30万円以上もする57ブランドの高級バッグが使い放題、というサービスで急成長を遂げているのが、「ラクサス」だ。

ラクサスは女性にとって悪魔のように魅力的なシステムである。ラクサスのサイトを妻と一緒に見ていたら、普段は冷静な妻が「え？　これも使えるの？」「え？　これも月6800円」と次々とバッグをクリックして魅入っていた。

ラクサスが成功した一つのきっかけは「クレーマーや困った客は、一発退場」という方針を打ち出したことだ。

当初、ラクサスの月額料金は2万9800円だった。バッグを汚して返却したり、しつこく苦情を言ってきたりする顧客への対応で、大きなコストがかかっていたのだ。

しかし、実際にはマナーが悪い客は全体の1％。1％の客のために、残り99％の客が割を食っていた。ルールを守る客にとって、これはフェアでない。

そこで、ラクサスは「クレーマーや困った客は、一発退場」という方針を決め、6800円へ大幅値下げを断行した。実に1／4の値下げだ。いろいろな高級バッグを使いたい女性にとって、「2万9800円はムリ。でも6800円なら……」と値ごろ感が出た。あえて顧客を選んだおかげで、優良顧客へのメリットが出て、ユーザーが急増したのである。

ラクサス以外にも、あえて顧客を選ぶサービスは少なくない。

私は紙の本をデジタル化するために、ブックスキャンというサービスを活用している。本棚にある紙の本をセンターに送ると、スキャナーで読み込み、PDFファイルに変換してくれる。著作権や版権の問題をクリアするため、PDF化された紙の本は処分される。手元のパソコンやタブレットで蔵書が読めるのはとても便利だ。私は重宝している。

しかし中には、冒頭の居酒屋での客のような、困った顧客もいるらしい。

たとえば、注意事項をよく読まずに、一度センターに送った本を「やっぱり止めた。自分の大切な蔵書なので返してほしい」と言い出す。スキャンした文字の品質が悪くて「本を返せ」と文句をつける。このような顧客の対応には、すべてコストと人手がかかる。

そこで、ブックスキャンのサイトには「トラブル防止のための注意事項」として、このような一文がある。やや長いが大切なことが書かれているので、抜粋して紹介したい。

「様々な意見はございますが、弊社では従業員第一主義のもと、お客様のご協力とご理解があってこそ、様々なサービスをベストエフォートでの提供と割り切り、数百円という低価格で実現しております。お客様とのやりとりの中で、注意事項をお読み頂いていない場合や、お客様がブックスキャンに求めるクオリティに満足頂けず、今後もブックスキャンでは改善が見込めない場合、サポートセンターでの暴言や恫喝等があった場合、ミスに対して執拗に謝罪を求める行為や金品・及び追加サービスを要求されるお客様には、誠に勝手ではございますが、お取引を一方的に終了させて頂く場合もございます。あらかじめご了承ください」

「上から目線」なのに行列が絶えないカレー屋の秘密

「上から目線」でお客を選び、逆に虜《とりこ》にする店もある。東京・荻窪のカレー専門店「吉田カレー」だ。

本当に店があるのかわからない素っ気ない階段を上がると、こんな手書きの紙がある。

「本当にやる気がないので、できれば他に行って下さい」

さらに店内にはこんな張り紙もある。

「当店はお客さんを選びます。気に入らない方には売りません。　子供お断り」

店内には「吉田カレー鋼鉄のおきて4箇条」が書かれている。

①勝手に席に着かないでください（特にテーブル）

②注文はこちらから伺います。

③テーブル席は手が空いた時のみ案内します。そしてセルフサービスです。

④カウンターでくっついて座らないでください。

少しでも早く安く提供するためです。ご協力お願いします。

守っていただけない場合は放置プレーの刑です。

それでも並ぶ客のお目当ては、店の絶品カレーだ。店内の客は黙々と食べている。

カレーには10種類以上の野菜や果物が溶け込んでいる。

中毒性があるほど深みがあって美味い。週に8回来る客もいるという。

店主は一人で店を切り盛りしている。

店をスムーズに回すためには、お客にルールを守ってもらう必要があるのだ。

店主は週3日の定休日をほぼすべて仕込みに割《さ》いている。大量の野菜や、1キロで1万円もする北海道産干し貝柱など、美味しさのためには金に糸目を付けず食材を調達する。さらに徹底して健康志向だ。塩分量はレトルトカレーの半分以下。脂は控えめ。添加物も保存料も一切ない。このような努力を積み重ね、さらに余分な接客コストをカットした結果、絶品カレーをリーズナブルな価格で提供することが可能になり、お客を虜にしているのである。

実は、徹底した顧客中心主義を実現するための「上から目線」の接客なのだ。

ラクサス、ブックスキャン、吉田カレーは、いずれもあえて顧客を選ぶことでコストを下げ、値ごろ感を打ち出し、高品質のサービスを提供している。

客を選んで価格を下げる例を紹介したが、逆もある。

京都の高級料亭は一見《いちげん》さんお断りで有名だ。紹介がなければ入れない。しかも最初のお客の代金は、紹介者が払うという念の入れようだ。これも身元が確かなお客を選ぶことで、高級料亭という格式を守るためである。

私たちは普段、付き合う相手を選ぶものだ。同じように顧客も選ぶべきなのである。逆に、お客を選ばないと、消耗するだけだ。

コカ・コーラ、ペプシに学ぶ交渉術「BATNA」

IT企業のセールス・オオタさんは、大企業A社に熱心に売り込みをしていた。しかし、A社はライバルB社の大口ユーザー。ケンもホロロに断られ続けていた。ある日、A社の担当者からメールが届いた。

「次期システムを提案してください。提出期限は1週間後。B社にも依頼しています」

普通だと提案作成は1カ月かかる。しかし、断られ続けてきたA社からの依頼。しかも相手は宿敵B社である。

「ついにB社との一騎打ちだ！　契約をもぎ取ってやる！」

オオタさんは社内関係者に頼み込み、自分も徹夜もこなし、価格も大幅に値引いた。1週間後、何とか提出期限に提案書をA社の担当者に渡した。

しかしその後、「残念ながら不採用です。B社を採用しました」という連絡が来た。実はA社の担当者は、最初から実績あるB社に発注するつもりだった。ところが、B社はなかなか値引かない。Ｂ社だけに依頼すると値引きを引き出せない。

そこで、まずオオタさんにＢ社との競合だと伝え、安い提案価格を引き出した。その上で、オオタさんの提案価格をＢ社に見せ、値引きを引き出した。

つまりオオタさんは、Ｂ社から値引きを引き出すための当て馬だったのだ。

しかし、中にはこう言う人もいる。

「売れる可能性はゼロじゃない。当て馬でいいじゃないか。オオタさんの挑戦は正しい」

確かにこんな状況でも、様々なしがらみで挑戦せざるを得ないこともある。

とはいえ、現実にはオオタさんが１週間関係者を巻き込み徹夜したように、販売活動にはヒト・モノ・カネがかかる。これだけ手間をかけて可能性がわずかならば、断るべきである。

その間に新規開拓をしたり、ゆっくり休んで英気を養って他の商談に備えたりしたほうが、よほどいい。

こんなケースもある。

コカ・コーラやペプシは、砂糖より２００倍甘い甘味料・アスパルテームを使っている。

アスパルテームはかつて米国モンサントが特許で独占し、儲けていた。

オランダのHSCは特許切れのタイミングを狙い、アスパルテームの生産を開始して売り始めた。コカ・コーラもペプシも、HSCの参入を歓迎する表明をした。

しかし彼らはHSCからは買わず、実績あるモンサントのアスパルテームを買い続けた。

なぜHSCから買わなかったかは、先の当て馬のケースを思い出すとわかる。

それまで独占販売するモンサントは強い立場だった。だから高い価格を付けていた。

そこへHSCが参入した。コカ・コーラもペプシもモンサントから値引きさせるために、HSC参入を歓迎したのである。HSCは自ら当て馬になったのだ。

オオタさんとHSCに共通するのは、「断る選択肢」を持たずに売っていることだ。

「大事なお客様のご依頼を断るなんて、とんでもないことだ」と考える人は多い。

しかし、「断る」という選択肢を微塵も考えず「売る」ことしか頭にないから、消耗したり取引材料に使われたりして、売れないのだ。売れたとしても、トラブルで手間とコストばかりかかる顧客を摑んでしまう。「まず選び、嫌なら断る」ことが大事なのだ。

持つべきは、ＢＡＴＮＡ（バトナ）だ。「交渉が成立しなかった時の次善策」のことで、Best Alternative To Negotiated Agreement の頭文字を取ったものだ。

販売活動は、交渉そのものだ。そして、交渉は強いＢＡＴＮＡを持つほうが勝つ。

実は「断る」という選択肢は、最強の武器なのである。

オオタさんは、Ａ社の提案依頼に対し「断る」という選択肢をまったく考えなかった。もし断ればヒト・モノ・カネを浪費することもなかった。あるいは、Ａ社に提案書作成に見合う費用を請求する方法もあった。緊急対応だし、提案書作成にもコストがかかるからだ。

ＨＳＣの場合、市場全体を見る目を持てば、状況はまったく変わっていた。

たとえば、発売前にコカ・コーラに対して「アスパルテームの販売を考えている。一定量の購入を確約してほしい。買わないのなら販売しない」と事前交渉すべきだった。ＨＳＣがアスパルテームを売らないと、コカ・コーラはモンサントの高いアスパルテームを使い続けざるを得ない。それは嫌なので、ＨＳＣの申し出を受け入れる可能性は高い。

こうして最初の段階で、ＨＳＣは販売先を確保できたはずだ。

さらに「断られたらペプシだけに売らざるを得ない……」と伝えると、交渉で主導権を握ってもっと有利に交渉が進んだはずだ。ライバルのペプシがコストを下げることができ、コカ・コーラは不利な立場に立つからだ。

しかし、HSCはアスパルテームの販売開始後に、コカ・コーラやペプシへの売り込みを始めてしまった。「断る」という最強の武器を、みすみす手放しているのである。

本来、ビジネスは対等な関係で行われるものだ。顧客が偉いわけではないし、売る側も無理難題に応える義務はない。対等な関係を築くことができないのは、顧客に充分な価値を提供していないからだ。

販売は、この両社の関係が決まる重要なタイミングなのだ。

そこで、必要なのが「顧客を選ぶ→嫌なら断る」という選択肢を持つことなのである。

ラクサス、ブックスキャン、吉田カレーは業種がまったく違う。しかし、共通するのは「顧客を選ぶ→嫌なら断る」という選択肢を持っていることだ。

「売ってはいけない」相手を見極める5ステップ

では、私たちはどうすればいいのか？

普段付き合う相手を選ぶのと同様に、「自分にとって理想的な顧客は、どんな顧客か」を

「理想的な顧客像」を決めるステップ

ステップ	具体的な作業
①ベストな顧客名をリストする	過去の案件を思い出し、書き出す
②最悪な顧客名をリストする	過去の案件を思い出し、書き出す
③ベストな顧客の特性を把握する	①のベストな顧客名を見て、共通する特性と固有の特性を書き出す
④最悪な顧客の特性を把握する	②の最悪な顧客名を見て、共通する特性と固有の特性を書き出す
⑤理想的な顧客のプロフィールを決める	③と④を見て、書き出す

↓

理想的な顧客像

(『戦略販売』〈R. B. ミラー他著、ダイヤモンド社〉を参考に著者作成)

決めることだ。その方法がR・B・ミラー他の名著『戦略販売』(ダイヤモンド社)にある。概要を紹介しよう。

まずすべての顧客を棚卸しして、「ベストな顧客」と「最悪な顧客」をリストに書き出す。リストをじっくりと見て共通する要因を洗い出し、「ベストな顧客の特性」と「最悪な顧客の特性」を特定する。そして、両者を見て「理想的な顧客のプロフィール」を決める。

これが「理想的な顧客」だ。

具体例で考えるとわかりやすい。私の会社のケースを紹介しよう。

私の会社は、コンサルティングや新規事業開発支援の他に、企業に講演・研修を提供している。

有り難いことに素晴らしいお客様ばかりだ。しかし、中にはそうではないお客様もいる。そこで、これまでの顧客を棚卸しした結果、次の3点を当社の「理想的な顧客のプロフィール」と定義している。

①ビジネスの課題・求める成果・参加者・時期が明確かつ具体的であること
②私の会社を、対等なパートナーとして評価していること
③経営トップとの関係が構築できること

解説すると、まずお客様を見直した結果、課題が明確で具体的なお客様とは確実にいい関係を築けることがわかった。お互い対等な立場で議論でき、経営トップとの関係を構築できることも大切だ。逆に金銭面の条件が良くても、課題や求める成果が不明確だったり、相手を下請け扱いするお客様の場合は、時間と労力をかけてもよい成果に繋がらないことが多い。そこで、これらのポイントを把握するため、依頼をいただく際に次の点を確認している。

①当社に講演・研修依頼をした理由は何か？
②参加者プロフィールと、抱えている課題は何か？
③講演や研修で期待する成果は何か？

その上で「当社がこの3点を検討し、お役に立てるようであればご依頼を承《うけたまわ》る」と伝えている。講演・研修を実施するかどうかは当社の判断であり、辞退することもある。

時間は有限だ。限られた時間を使って、本当に当社を必要としていて困っているお客様に価値を提供したい。しかし、中にはご支援しても成果が出ないお客様もいる。それならばこの時間は、当社を必要とするお客様に活かしたほうが、世の中の役に立つ。

お客様は神様ではない。むしろ「自分にとって大切な人」なのだ。

自分にとって大切な人は誰なのかを考え、選ぶべきなのである。

| POINT |

理想の顧客を見定め、
それ以外の顧客は
勇気をもって断れ

第6話

他社と同じ商品を売っているのに、お客から「買いたい」と言う理由

保険業界で抜群の業績を上げるすごい会社は何をしているのか

「私は保険セールスに向いていないのかもしれませんね……」

イイダさんは悩んでいた。

「この前も、お客様のご相談を受けたんです。充分に貯蓄がある方なので、『生命保険は残されたご家族のためのものです。貯蓄をお持ちなら保険には入らずに、積み立てたほうがいいですよ』って言っちゃったんですよね」

イイダさんは肩を落としながらこう続けた。

「それで、先輩に『お前は押しが足りないな。オレは会ったお客さんは必ず落とす自信がある。時間をかけて説得すれば、どんな商品でも売れる』って言われちゃったんです……」

話を聞いた後、私はこう答えた。

「長い目で見ると、セールスとして成功するのは、先輩じゃなくてあなたですよ」

そんな無責任な理想論を言っちゃっていいの？　と思うかもしれない。

しかし、私は理想論を言っているわけではない。


どの保険代理店も同じ保険商品を売っている。保険代理店は商品では差別化できない。

さらに保険のお客は、普段は保険のことはほとんど考えていない。

そんな保険代理店業界で、抜群の業績を上げている保険代理店がある。「ほけんプラザエイプス」（以下エイプス）だ。エイプスは千葉県で創業して37年。社員70名の代理店だ。千葉県下では銀行も含む金融機関239社中、財務安定性は4位という優良企業だ。

私がエイプス社長の田切裕二さんにお話を伺った時のこと。話の冒頭で、こう言われた。

「特別なことは、何もしていません。当たり前のことをしているんですが……」

田切さんはお客と保険の話は一切しない。運送業の経営者と出会うとこんな話をする。

「運送業の労務管理って、時間管理じゃないですよね」

「そうそう。そこで困っているんですよ……」

運送会社は、労務管理が後回しになっているところが多い。通常、労務管理は「まずタイムカードで時間管理」となりがちだ。だが、運転手の仕事はA地点からB地点に荷物を運ぶこと。時間管理では労務管理はできない。だから、運送会社の経営者は困っている。

しかし、田切さんは解決策を持っているわけではない。

その代わりに社労士を招き、経営者と一緒に勉強会を行い、悩みを解決していく。

さらに会社は会計・法律など様々な問題を抱えているので、司法書士・会計士・弁護士なども招き勉強会を行う。経営者は自社の悩みが解決できて助かる。

実は士業の先生方も助かっている。先生業は、自分で営業できない仕事なのだ。

田切さんは、顧客企業の社内ルール作りをお手伝いしているのである。

そして、様々な業務で保険が絡む。そのうちこんな会話が始まる。

「田切さん、当社はこんな保険に入っているんですけど……」

「この状況なら、こっちの保険商品がいいですよ」

田切さんは、すでにその会社の課題や経営状況を熟知し、保険商品の知識もある。

その会社に最適な保険もわかる。しかし、この段階でも保険を売らない。

「ご担当の保険代理店さんに、保険の変更をお願いするといいですよ」

ここでほとんどの経営者は、こう尋ねる。

「田切さんの会社も、この保険を扱っているんですよね」

「ええ、そうですよ」

保険代理店はどこも同じ商品を売れるので、田切さんも同じ商品を売っている。

「また確認するのも手間ですから……御社に保険を切り替えます」

どこも同じ保険商品を扱っているから、自分の課題を理解し、最適な商品を選び、提案してくれるほうがいい。確かに「考えてみれば、当たり前のこと」をやっている。

どこも同じ商品を扱う保険代理店だからこそ、顧客の課題理解が出発点なのだ。

似た商品を売っているからこそ、差別化できる

「他社も似た商品やサービスを売っている。だから差別化は無理」と言うビジネスパーソンは多い。しかし世の中には、同じ商品を売っているのに、どんどん売れる会社もある。

彼らは商品を売っていないのだ。

私がある県に出張した時に出合った教材販売業の会社も、まったく同じだった。

教材販売業の顧客は小学校だ。扱う教材は他の教材販売会社と同じで、商品で差別化はで

きない。しかし、この会社は同業他社も扱う粘土細工教材で県内の市場シェア90％。ほぼ独占だという。その秘密は、粘土を使った図工授業の手引き書を付けていることだ。

学校の先生は多忙だ。課外指導や保護者からの相談も抱え、授業準備もある。慢性的に残業が発生している。校長先生は「何とか残業を減らせないか？」と悩んでいる。

粘土工作授業の手引き書があれば、授業準備の負担は大きく減らせる。

「事前準備しなくていいの？　じゃあ、御社から買うよ」ということになるのだ。

「雑談接客」で粗利50％のサトーカメラ

もう一つ紹介しよう。栃木県でチェーン展開するカメラ販売店「サトーカメラ」だ。

栃木県はカメラ販売の激戦区だが、サトーカメラのカメラ販売シェアは17年連続でナンバーワン。県内のデジタル一眼レフカメラの販売シェアは40％以上とまさにぶっちぎりの1位である。粗利益率は業界平均25％のところ、50％と圧倒的な高収益だ。

しかし、効率的な販売とは真逆をやっている。副社長の佐藤勝人さんは、「効率は求めなくてもいい。客が納得するまで話をしろ」と現場に徹底させている。

お客がプリントの方法がわからないと、1時間かかっても店員がじっくり説明する。

店員はお客と雑談ばかりしている。最長記録はなんと5時間だという。

このデジタル時代に、なぜ超アナログ接客で、しかも高収益なのか？

サトーカメラは、フラッと店に立ち寄った写真初心者をターゲットにしている。

お客が来た一瞬を逃《のが》さず、「写真を楽しみたい」というお客の話を聞き、手伝っている。このために、店員は写真を観る力を磨いている。

サトーカメラは利益の半分以上を、写真プリントで稼いでいるのだ。

店員はお客と一緒に見ながら、写真印刷を手伝っている。

佐藤さんは、「人は何のためにカメラを買うのか」と考え抜いた結果、「実はカメラを買っているのではない。想い出をキレイに一生残すためだ」と考えた。そこで、２００３年に「地域の人々の想い出をキレイに一生残そう」と大号令をかけて、「社長の言葉ではなく、この言葉とお客さんに従え」という方針を出した。

エイプスも、教材販売会社も、サトーカメラも、ライバルと同じ商品を売っている。

しかし高収益だ。その秘密は、顧客の課題を徹底的に理解しているからだ。

「他社と同じ商品だから、強引にプッシュして売ろう」と考えるセールスが少なくないが、

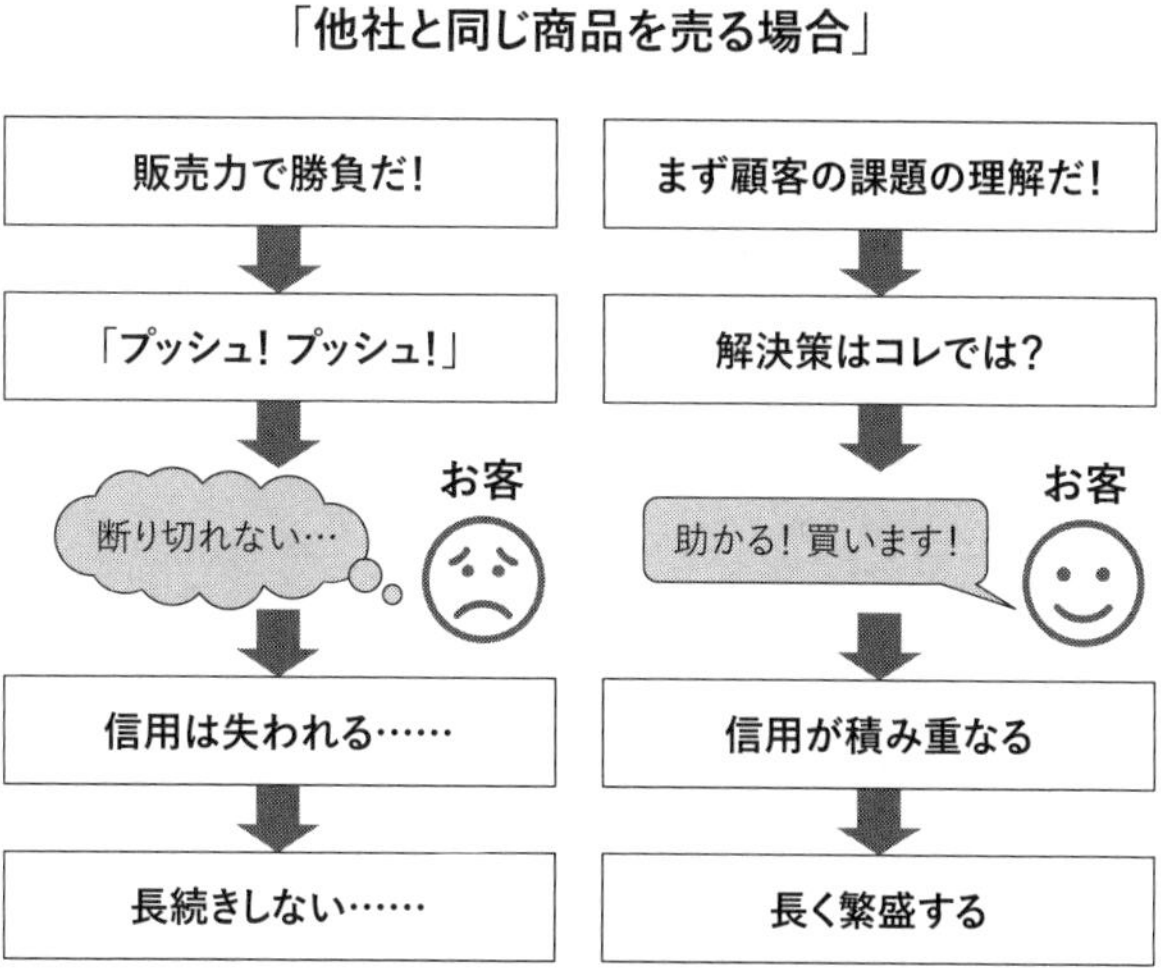

それは大間違いである。他社と同じ商品は、無理に売ろうとしてはいけない。

他社と同じ商品を売っているにもかかわらず、彼らが売る商品に強い商品力が宿るのは、まずターゲット顧客の悩みを徹底的に考え抜いているからだ。

こう考えると、冒頭の話で、長い目で見てセールスとして成功するのは、強引な先輩ではなく、一見不器用なイイダさんであることがわかるだろう。

イイダさんは顧客の悩みを徹底的に理解しようとしている。これはすべての商売の出発点だ。売れるかどうかは、その結果に過ぎない。

たとえその場で売れなくても続けることで、信用は確実に積み重なる。そして、次第に売れるようになる。

先輩がやっているのは、単なる押し売り販売だ。

確かにその場では売れるかもしれない。しかし、顧客の信用は生まれないし、長続きもしない。

「同じ商品だから、販売力勝負だ。手っ取り早く効率的に目の前の売上を上げよう」と単純に考えていてはいけないということだ。


ビジネスは100メートル競走のような短距離勝負ではない。

マラソンのように時間をかける長距離勝負なのだ。

だから、「顧客の悩みの理解」というステップをすっ飛ばして目先の売上を効率よく追い求めるのではなく、じっくりと時間をかけて顧客の悩みを理解し解決することで、信頼を積み重ねていくことが大切なのだ。

| POINT |

顧客の悩みを解決し続ければ、同じ商品でも売れるようになる

第7話

好調な会社には、売るな

法人セールスがうまくいく人が知っている「4つの型」

ヤマシタくんが落ち込んでいた。

「ボクが『良いなぁ』と思った女性って、みんな彼氏がいるんですよね」

彼氏とのお付き合いが順調な女性は、幸せオーラが出ていることも多い。

ヤマシタくんはそんな女性に、つい惹《ひ》かれてしまうようだ。

「気にせず、アタックしてグイグイ攻めて奪い取れ！」という昭和な考え方もあるが、現実には、当の彼女は彼氏に「面倒くさい男に絡まれて、怖いの……」と相談していて、ストーカー扱いされていたりする。なかなか難しいものである。

アタックするのであれば、彼氏がいない女性をターゲットにすべきである。

「どうやって彼氏の有無を見分ければいいか」という難しい問題もあるが、それは私の苦手分野だし、本書のテーマではないので、ここでは触れない。

なぜこんな話を持ち出したかというと、ビジネスも同じだからである。

世のセールスの多くは、会社などの法人を相手に売る法人セールスだ。

「すべてが好調な会社なら、買ってくれるはずだ」

こう考えて、好調な会社を狙って売り込もうとする人は多い。

確かに消費者ならば、「お金があるから買おうかな」と考えて買う。

しかし法人セールスでは、社内で誰もが納得する合理的な理由がないと買わない。

社内で誰もが納得する合理的な理由とは、「具体的な課題を解決できること」だ。

すべて好調な会社の場合、大きな課題を抱えていないことが多い。だから提案しても真剣に検討しない。ちょうど彼氏がいる女性と同じ。アタックしても振られるだけだ。

ではどうすべきか？

ヤマシタくんの場合、アタックすべきは彼氏がいない女性だった。

法人セールスも同じだ。アタックすべきは、何らかの課題を抱えている会社である。
これについては、顧客の反応が次の4つのいずれかを見極めて考える。

「成長志向型」

目標が高いのに現状が追いついていない状態だ。

恋愛で言えば、パートナーがおらず、自分と相性ぴったりなお相手を募集中の状態だ。会社の場合は、消費者から注文殺到なのに、生産力が小さくて生産が追いつかないとか、引き合いがたくさん来ているのに対応するセールスが少ない、というように、ギャップがある場合だ。こんな時は、生産力増強や、セールスの生産性向上の提案をすると、顧客は真剣に検討して売れることも多い。

「トラブル型」

何らかのトラブルが原因で目標を達成できない状態だ。

恋愛で言えば、お相手がパートナーとワケあって別れた直後で、とても落ち込んでいる状態である。会社の場合は、商品生産の際に、何かの理由で不良品がたくさん出てしまうと、

売れるのは、課題を持つ顧客

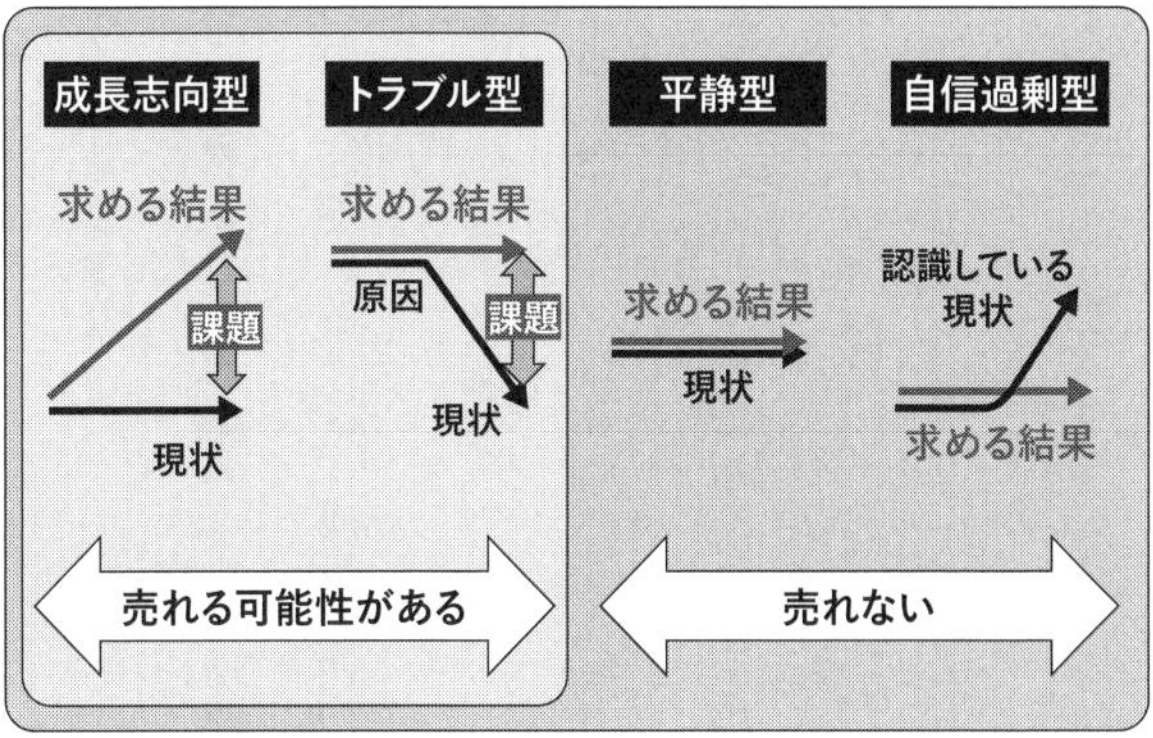

(『戦略販売』〈R. B. ミラー他著、ダイヤモンド社〉を参考に著者作成)

予定した量の生産ができなくなる。大問題だ。だから、不良品が出る原因を突き止めて、不良品がピタリと止まる提案をすれば、即採用されることも多い。

「平静型」

目標と現状が一致している状況だ。

現在お付き合い中のパートナーとの相性がぴったりな人と同じ状態で、課題を感じておらず何も変える必要はないと考えている。いくらいい提案をしても、売れる可能性は少ない。

「自信過剰型」

本来予想していた結果よりも、現状がずっといい状態だ。

たとえてみれば「今の彼氏、私にとってもったいなさすぎ」という状況だ。現状ができすぎなので、あらゆる提案は採用される可能性ゼロである。

売り込みより、課題を抱える顧客を見つけること

4つの中で売れるのは「成長志向型」と「トラブル型」だ。売り込むべきはこの顧客である。

「平静型」と「自信過剰型」は、売り込みをしても売れない。だから売ってはいけない。「何かあったら声をかけてください」と伝えればいい。

そもそも商売とは、顧客の課題を解決することだ。だから、すべて好調な法人顧客を狙うのではなく、何らかの課題を抱える法人顧客を見つけて、売るべきなのである。

| POINT |

売れるのは
課題を持つ法人顧客である。
まず課題を見極めろ

第8話

販売ノルマは、逆効果

予約サイト「一休」が「予算達成なんてどうでもいい」と考える理由

私が新入社員時代の話である。大学時代の同級生から連絡が来た。

「頼みがある。ノルマが達成できないんだ……」

入社先でセールスになった彼は、販売ノルマをこなすのに苦労しているという。

翌日、喫茶店で商品説明を聞き、買うことにした。困った時はお互い様だ。

「助かったよ。実は親戚には一通り売ってしまったんだ」と友人は安堵の表情。

しかし来期も新しいノルマがあるという。彼の健闘を祈るばかりだった。

セールスが販売ノルマを持つのは、当たり前に思える。

顧客に「契約していただけないと、社に戻れません」と土下座するセールスもいる。

「お互いに切磋琢磨して成長しろ」と、セールス同士で営業成績を競わせる職場もある。

ノルマ未達成のセールスは、人間扱いされない会社もある。

中には、ノルマを達成せずに会社に戻ると、上司から、

「がむしゃらさが足りない」

「言い訳ばかりするな」

「ノルマ未達成なのに、定時退社か？」

「この10階の窓から飛び降りて、歩いている人に売ってこい」

と罵倒されることもある。ここまでくるとパワハラである。

ノルマ未達成が続くと降格されたり、解雇されたりすることもある。

一方でノルマを大幅に上回ると、青天井のボーナスを出す会社もある。


これは「セールスに高いノルマと報奨金を与えて競争させれば、目の色を変えて一生懸命頑張る」という考え方に基づいている。要は、アメとムチである。

昔はモノが足りず、作れば売れたので、この方法はそれなりに有効だった。

しかしこの考え方は、完全に時代遅れ。売り込みをされる顧客の立場になるとわかる。ノルマを抱え目の色を変えた人から売り込みを受けて、買いたいと思うだろうか？

ホテル旅館予約サイト「一休」の榊 淳《さかきじゅん》社長は、こう言っている。

「毎月の予算達成なんてどうでもいい。予算が達成できないのは僕らの力量が足りないからであって、その力量不足は今月中に改善できるはずはない。だったら予算達成は諦めて、来月頑張ろう」

予算達成のために一休がメルマガを次々とユーザーに送っても、それで急に会社がよくなることはない。むしろ大量のメールは、利用者にとって迷惑でしかない。

そして皮肉なことに、顧客は徐々に離れてしまう。

一休は「ユーザーファースト」を徹底している。

「予算達成ありき」は「ユーザーファースト」ではない。「会社ファースト」の発想だ。

社員の前向きな動機がなくなってしまう意外な落とし穴

しかし、多くの会社がセールスに販売ノルマを与える。ノルマがあると人や組織を管理しやすいからだ。トップがノルマを決めて部門やセールス個人に割り振り、ノルマを達成した社員には売上の一部からトップの裁量で配分する仕組みなのだ。

しかし、ともするとノルマは、人のやる気を失わせてしまう。

「内発的動機付け」と「外発的動機付け」という考え方がある。

「やりたいからこの仕事をする」という動機付けが、「内発的動機付け」だ。

曲芸をするオットセイのように、ご褒美目当ての動機付けが、「外発的動機付け」だ。

「高いノルマと報奨金を与えれば、目の色を変えて頑張る」という発想は、「餌をあげればオットセイは曲芸をする」という考えと同じだ。しかし、オットセイは餌がなくなると曲芸をしようとはしなくなる。同様にノルマと報奨金がなくなると、セールスは働かなくなってしまう。


逆に、内発的動機付けで仕事をする人は、ノルマや報奨金に関係なく仕事をする。


外発的動機付けがあることで、内発的動機付けが弱まるという実験がある。

心理学者のエドワード・デシは、学生を相手にパズル解きのゲームをさせる実験をした。学生たちはゲームを解くと報奨金をあげるグループと、何も報奨金がないグループに分けられた。

両方ともゲームを解いたが、問題はその後の休憩時間である。無報酬グループは休憩中も熱心にパズルを解いていた。報奨グループは、休憩中はパズル解きをやめてしまった。

つまり、報奨金という外発的動機付けで、内発的動機付けが弱まってしまったのだ。

デシはさらに「パズルを解けないと罰する」「相手と競争させる」という二つの実験もした。ともにパズル解きは順調に進んだが、パズル解きの楽しみは失われてしまった。高いノルマを課してセールス同士を競わせるのは、まさにこの「罰」「競争」だ。罰で脅したり競争させたりしてパズルが解けたように、短期的には成果が出る。

しかし、やる気は消え失《う》せる。

ノルマなどの目標を設定し、互いに競争させて売り込む方法はもはや限界なのである。では、どうすればいいのか？　参考になるのは、サービス業界の取り組みだ。サービス業界の成功企業は、ノルマ設定や従業員同士の競争に頼っていない。

従業員の内発的動機付けを引き出して、顧客満足を生み出し、好業績を実現している。

「従業員第一主義」のサウスウエスト航空

サウスウエスト航空は米国航空会社で顧客満足度トップの常連であり高収益企業だが、実は「顧客第二主義」である。では何が「第一」なのかというと、「従業員第一主義」なのだ。創業者のハーバート・ケレハーはこう言っている。

「社員が職場で楽しく働けて、会社を愛しているという文化さえあれば、最高の顧客サービスを自然に提供できるようになる」

また、スターバックスコーヒーで笑顔満点のスタッフからサービスを受けて気分がいい、という経験はないだろうか？　スターバックスコーヒーはスタッフが自分の仕事を愛せるように努力をしている。顧客と接する従業員がどれだけ仕事を楽しんでいるかが重要だからだ。

サウスウエスト航空やスターバックスコーヒーのように、顧客と現場で直《じか》に接するサービス業界では「顧客満足の前に、従業員満足」と考え、高い業績を生み出す企業が増えている。

サービス業で従業員満足が顧客満足を生み出す仕組みは、「サービス・プロフィット・チェーン」という考え方を理解すればわかる。

サウスウエスト航空を例に考えてみよう。

サウスウエスト航空は、人件費を削減しない。給与は業界最高水準で、従業員満足度も高い。9・11で航空業界が一斉に人員削減した時でも、解雇しない方針を貫いた。

だから、従業員は安心して働ける。さらに社員は自社の株も持っている。これにより高い従業員ロイヤルティを生み出している。

その結果、創業して40年以上経過しても墜落事故は0件。顧客への判断・行動はすべて現場従業員に任され、定時出発のために操縦士やCAも掃除や荷物運びなどを行う。

会社に対して高いロイヤルティを持った従業員は、乗客に楽しんでもらおうと常に考えている。サプライズで乗客の誕生日を盛大に祝うことも多い。これが高い顧客満足度を生み出している。従業員と顧客の絆で、顧客の共感と愛着を生み出しているのだ。

こうして、競争が激しい航空業界で、サウスウエスト航空は40年以上連続して黒字経営を続けている。その収益も従業員に分配する。よい循環が回っているのだ。

そもそも顧客は、会社が思うとおりにコントロールできない。しかし従業員に対しては、会社は幸せに働ける環境を作ることができる。

従業員を幸せにすることが、会社を発展させる原動力なのだ。従業員が幸せに働けるようにすることで、高い顧客満足を生み出し、高い収益を実現できるのである。

さらに現代では、多くの業界が第23話で詳しく紹介する「サブスク型」に移行するなどしてサービス化している。だからこそ、高い従業員満足を生み出し、高い顧客満足に繋げるこ

従業員満足が、顧客満足を生み出す仕組み

サウスウエスト航空のサービス・プロフィット・チェーン

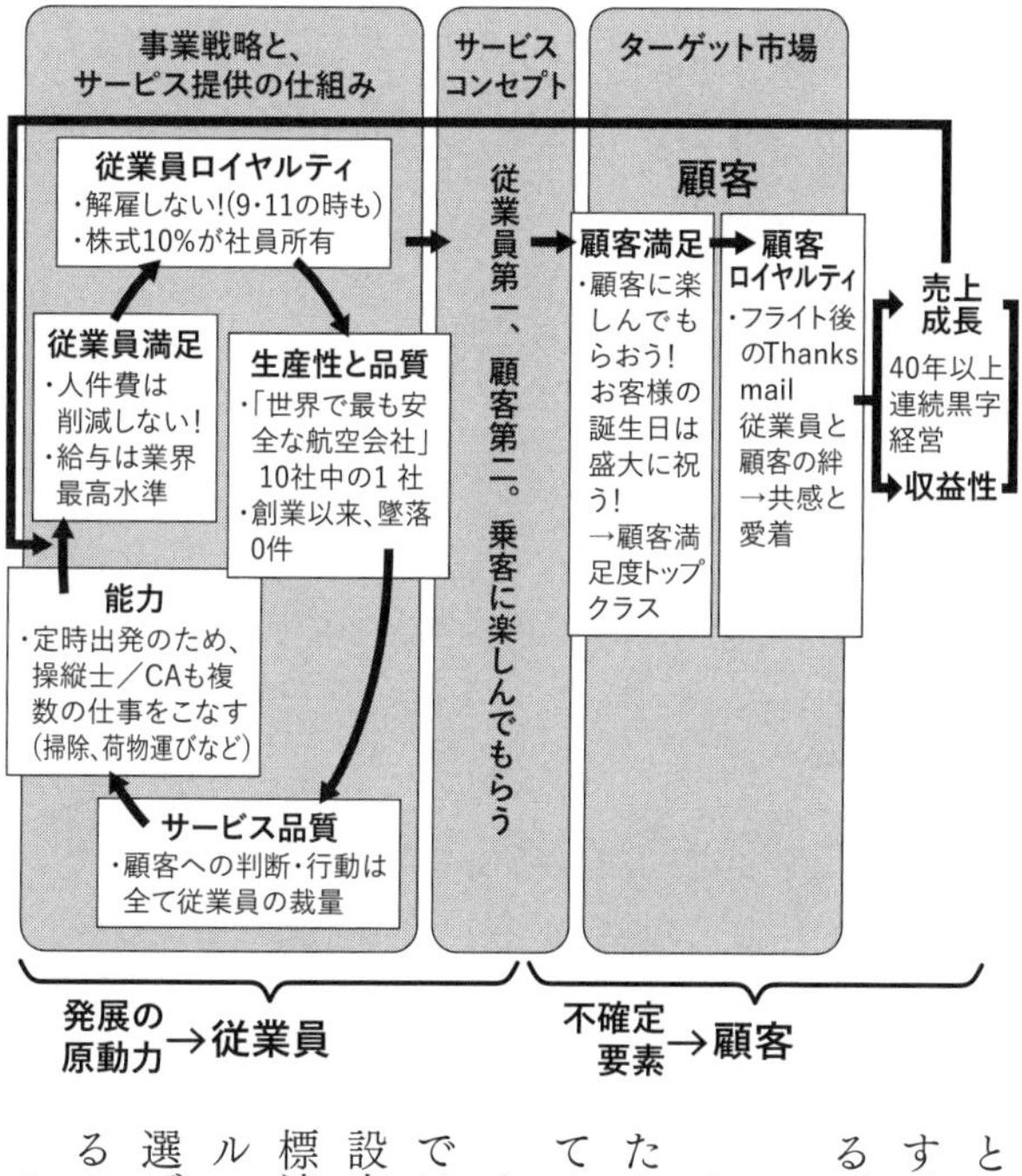

とが、多くの業界でますます重要になっているのである。

そもそもノルマとは何のためなのか、いま一度考えてみるのはムダではない。

すべてのノルマが悪いのではない。会社として目標設定は大切だ。しかし、目標達成のために高すぎるノルマを個人に与え、手段を選ばずに達成させようとするのが問題なのだ。

ノルマは顧客のためでは

なく、社内の仕組みを回すためだ。

冒頭の友人のように、身内に販売しなければ達成できないノルマは、一休の榊社長が言うとおりその目標自体が間違っている。

目標達成のための努力はもちろん大切だ。しかし、その努力は顧客のために向けられるべきだ。ムリなノルマ達成のために向けられるべきではない。

誰のためのノルマか、いま一度考え直してほしい。

もしかしたらそのノルマは、存在自体が間違っているかもしれないのだ。

| POINT |

従業員満足が顧客満足を生み出し、高い業績を実現する

第3章

お客を知らずに、売ってはいけない

第9話

「買う」理由は4段階で変化する

「同じに見えるなぁ。それに大きすぎるし、使いこなせない……」

家電量販店のテレビ売り場に行くたびに、私はこう思う。

売り場には、55型とか75型といった巨大な大画面テレビが並び、画質の高さと機能をアピールしている。プロに言わせると、画質差は意外とあるそうだ。

確かに、私も二十数年前にテレビを買った時は、画質の差を詳しくチェックした上で、選び抜いて買っていた。当時のテレビは、素人目でも機種によって画質の差が大きかった。

しかし、いまのテレビは、我が家にとってオーバースペックである。

我が家のリビングのテレビは27型。大画面テレビだと、リビングがテレビに占拠されてしまう。そもそも我が家では、テレビではニュースしか観ない。使う機能も録画だけ。いまのテレビはどれも画質・機能は必要充分。27型で録画機能があり、壊れなければ、OKであ

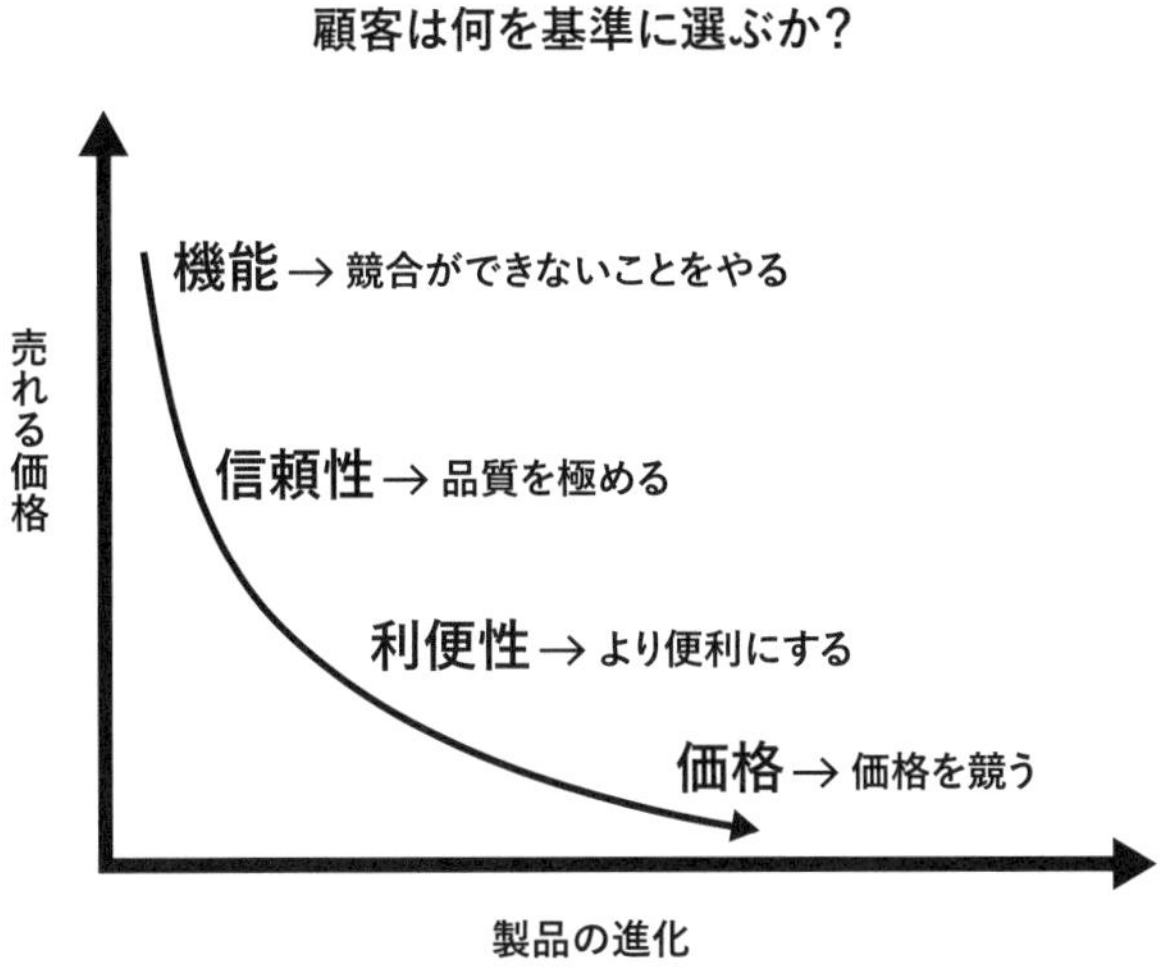

る。

同じように感じている人は少なくないのではないだろうか？

他社とのスペック比較表を眉間にシワを寄せて眺めつつ、いかにスペックを訴求して売るかを議論し合うのは、会社でよく見る光景である。

しかし、スペックのアピールが効くのは、時と場合による。

なぜかといえば、製品の進化に従って、顧客が何を重要視するかは変わるからだ。顧客は「機能」「信頼性」「利便性」「価格」の順番で評価するようになる。これは「購買階層」という製品進化モデルの考え方だ。

航空会社を例に考えてみよう。

①機能……まったく新しい商品が登場すると、顧客は「機能」で商品を選ぶ。1950年代までの海外旅行は何週間もかけた船旅が当たり前だった。そこに航空会社が登場し、半日で海外に行けるようになった。「短時間で移動したい」と考える人々は、少々高くても飛行機で旅をするようになった。

②信頼性…機能的に充分な商品やサービスが多数現れると、顧客は機能では商品を選べなくなる。そこで「信頼性」で選ぶようになる。当時の飛行機は事故が多かった。そこで、航空会社は信頼性を向上させ、いかに安全に運行するかをアピールするようになった。

③利便性…信頼性が充分になると、顧客は信頼性で商品を選べなくなるので「利便性」で選ぶようになる。信頼性が高まった航空会社は、機内サービスを競うようになった。

④価格……どの会社も機能・信頼性・利便性が充分になると、顧客はこれらで商品を選べなくなる。そこで、最後は「価格」で選ぶようになる。航空会社も格安航

空会社が登場し、価格を競い合っている。

顧客が商品を選ぶ基準は、「機能」「信頼性」「利便性」「価格」とシフトしていく。だから、アピールポイントも変える必要がある。しかし、「価格」までシフトしてしまうと価格勝負に陥ってしまう。だから、顧客が選ぶ基準が「価格」にシフトする前に、顧客も気づかない課題や利便性を発掘し、顧客が買いたくなるようにすることが必要だ。

成熟市場で「売るべき」ポイントとは

いまの家電商品は、一通り充分な機能や信頼性を持っている。

そこで、これまでにない利便性をアピールしている家電が増えている。

サムスンがインドで販売する冷蔵庫は鍵付きだ。メイドを自宅で雇うようなお金持ちのために、メイドが冷蔵庫をあけてつまみ食いしないためだ。

また、アイリスオーヤマは「なるほど家電®」を数多く開発・販売している。

たとえば「両面ホットプレート」。普通のホットプレートは1枚板だが、これはコンパクトな二面タイプだ。この開発者が夫婦で鉄板焼きをした経験がきっかけだという。

開発者の配偶者は海鮮が大好きだったが、ご本人は大の苦手なので、肉を焼いていた。すると、エビやホタテのエキスが大量に肉のほうへ押し寄せてせっかく焼いた肉が食べられずに、とても悲しい思いをした。そこで「焼くものによってプレートを分けよう」と思いついた。さらに、二面に分けることでプレートごとに温度調整できるようになり、肉を焼くプレートと、保温するプレートに使い分けができるようになって、焦がすこともなくなった。

「置き型ドライヤー」というのもある。忙しいなか、髪を乾かす時間を有効活用したいという人は多い。髪の長い女性だと乾かすのに10～20分もかかってしまう。そこで両手が自由に使える置き型にした。ドライヤーをしている間も、スキンケアやスマホ操作を同時に行える。

これらの家電は、徹底した顧客目線で新たな利便性を見つけ出したものだ。

まったく新しい商品が生まれると、顧客は機能やスペックで買う。
しかし商品が成熟してくると、機能やスペックでは買わなくなる。
そこで、顧客の利便性を高めていくことが必要になってくる。
ポイントは、顧客の不満だ。どんなところにも、顧客の不満がある。

アピールすべきは機能やスペックではなく、不満への解決策なのである。

| POINT |

顧客が買う基準は、機能→信頼性→利便性→価格と変わっていく

第10話

お客にメリットがなければ、売れない

9年で400億円超の経済効果。富士宮やきそばのダジャレ戦略

ある温泉旅館に泊まり、夕食になった。

地元の旬な山菜を楽しみにしていたら、出てきた料理を見て、驚いた。

「は？　マグロの刺身料理？」

海からは100キロほど離れている山奥である。

なぜ地元の山菜ではなく、わざわざ遠く離れた海の幸なのだろう？

後日、とある懇親会で、食の専門家と話していて、理由がわかった。

「マグロ料理は、山奥にいる人たちのご馳走なんですよ」

日本の山間部では昔からタンパク質不足が課題だった。海の幸は貴重なタンパク源。あの

刺身料理は、宿泊客への深い心遣いだったのだ。しかし、宿泊客にとってはマグロ料理よりも、地元で当たり前に食べる山菜料理がご馳走である。

地域の強みは、地域に住む人には当たり前なものが多い。だから見過ごしてしまう。企業も同じだ。自社の強みは当たり前なので見過ごしてしまう。強みを見つけるコツがある。外部の視点で考えることだ。外部の専門家の手助けを得てもいいし、外部の視点を持つ人材の活用も役立つ。

かつてほとんど観光客が来なかった静岡県富士宮市に、今は年間約50万人が訪れている。お目当ては、富士宮の焼きそばだ。

きっかけを作ったのが「富士宮やきそば学会」会長の渡邉英彦さんである。東京で働いていた渡邉さんは、Uターンで地元の富士宮に戻り、地域活性化のため、仲間と動き始めた。すると、仲間の一人が「富士宮の焼きそばは他とは違うよね」と言い出した。

昔から富士宮の路地裏や横町には駄菓子屋が多くあり、鉄板が付いたテーブルで焼きそばやお好み焼きを焼いていた。そこで、焼きそばの調査活動をしようということになった。

せっかくだからこの活動をマスコミに発表しようと情報を流したら、ＮＨＫ静岡局の取材を受けることになった。まだ何もやっていないが、渡邉さんはこう話した。

「『富士宮やきそば学会』という組織を作ったんですよ」

「『やきそばＧ麺』が、夜な夜な富士宮やきそばの調査活動を展開しています」

その場で思いついたおやじギャグだったが、これが大きな話題になった。

その後、本当に富士宮やきそば学会が立ち上がった。これが『やきそば振興協議会』とかだったら、あまり話題にならなかっただろう。センスがいいネーミングは大事だ。

昭和30年代、富士宮市は製糸産業で栄えた。人口は急激に増え、子供も多く、町のおばちゃんたちは子供を相手にする駄菓子屋兼焼きそば屋を数多く作った。

富士宮の焼きそばは独特だ。市内の製麺業者が作る蒸し麺は腰が強く歯ごたえがある。富士宮は養豚業が盛んだった。炒める油にはラードを使い、その肉かすも使う。これが香ばしい。鰯《いわし》の削り粉もうま味の元。キャベツは富士宮の高原キャベツ。

誰もがお腹をすかせていた時代、安くお腹を満たせる焼きそばはおやつ代わりだった。

焼きそばは富士宮のソウルフードだったのだ。

2001年春には市内のやきそばマップも完成。メディアで取り上げられ、ゴールデンウィークに大ブレーク。焼きそば屋のおばちゃんが腱鞘炎《けんしょうえん》になるくらいお客が来た。

他にも秋田県横手市と群馬県太田市が、自分たちを「焼きそばの町」と言っていた。そこで2002年、3市でイベントを行った。「三者麺談」である。3市の市長が「三国同麺協定書」へ署名して、「三国同麺協定」を締結。これも話題になった。

イベントに焼きそばの焼き手を派遣する「やきそば伝道使節団」も組織した。

この活動を、富士宮やきそばの布教活動として「ミッション麺ポッシブル」と名付けた。

観光コースに富士宮やきそばも加わった。「やきそバスツアー」である。ツアーには「麺財符」が付く。600円の食事券だ。

富士宮やきそば学会はほぼ予算ゼロ。しかし、あの手この手でダジャレを考え抜き、9年間で439億円もの経済効果をあげた。まさに富士宮の焼きそばのような粘り腰である。

観光客が地域に求めるのは、その地域ならではのものだ。

たとえば横浜なら、異国情緒ある港町。京都なら、日本の古都としての長い歴史。「工場萌え」でブレイクした川崎の工業地帯のように、工場夜景に人が集まることもある。

その地域住民には当たり前だけれども、観光客には新鮮に見える、埋もれたものが何かを発掘し、地域の人たちが主体となってストーリーを作り、訴求することが大事なのだ。

地域活性化では「特産品を作れば、それを目当てに観光客が来る」と考えがちだ。しかし、これには顧客視点が欠けている。それでは観光客は来ないのである。

その「技術」が売れない理由

企業も同じだ。多くの企業も、自分たちの本当の強みが見えていない。

内部にいる社員には、当たり前にしか思えないからだ。

強みを見極める際に絶対に欠かせないのは、自分ができることや技術中心で考えずに、必ず顧客の利益も併せて考えることだ。しかし、これができていないことが多い。

たとえば、業界で最高画質のテレビを開発したが、顧客にはその差がわからなかったり、あるいは、コンマ数ミリ分薄い世界最薄スマホを開発したものの、顧客が興味を持たないというのはよくあることだ。

「ウチの強みは技術だ」と考え、徹底的に技術に磨きをかけても、これだけでは売れないのである。顧客不在だからだ。

しかし不思議なことに、当の本人たちは「私たちはお客様のことをものすごく真剣に考えている」と言う人が多いのである。

ドアを閉め忘れるとスマホで通知する冷蔵庫がある。知人の女性がこう言っていた。

「でも、外出先でスマホに通知が来ても、意味ないですよね」

それなのに、スマホ通知機能がウケないメーカーは、「使い勝手が足りない」と考え、冷蔵庫内の温度などの情報をスマホでモニターできるように改善していたりする。

顧客の生の声を聞かずに「お客様はこう思っているはずだ！」と思い込んでいるのだ。自分の頭だけで考えてお客を想像しても、それは単なる妄想である。

まるで憧れの彼女に好かれようと努力する純真無垢《むく》な男子高校生である。

「彼女は絶対、マッチョな男が好きなはずだ！」と思い込む。そして必死に筋肉を鍛える。実は彼女はマッチョ男子が苦手で、アニメが好きなインドア派かもしれない。そんな彼女には、いくら鍛えた筋肉を見せても敬遠されるだけである。

しかし、興味がない様子の彼女を見て「鍛え方が足りない！」と思い込み、さらにプロテインを飲んでもっと鍛える。身体を鍛えるのはいいことだが、彼女を振り向かせることが目的であれば、その尊い努力は報われない。単なる妄想で、ムダな努力をしている。必要なのは、勇気を出して彼女と話してみて、彼女の好みを知ることである。

にもかかわらず、妄想でプロテインを飲む純真な男子高校生と同じことをする企業は、意外と多いのだ。

技術は顧客の課題と結びついて、初めて強みを発揮するのである。

ダイソンに学ぶ「コア・コンピタンス」を見つけ出す手法

先日、出張先のお手洗いにダイソンのハンドドライヤーがあった。「12秒で乾き、99・9%除菌します」と書いてある。

実に強力な温風。あっという間に手が乾きポカポカした。他社のハンドドライヤーを試したらどれも30秒以上かかる。ダイソンの倍以上だ。

ダイソンは、自社技術と顧客の課題を結びつけるのがとてもうまい。

ダイソンのコア技術は、デジタルモーター技術と空気の流れをコントロールする流体力学技術だ。ダイソンはこのコア技術を活かし、顧客の隠れたニーズを掘り起こした商品を開発している。たとえば、吸引力が落ちないサイクロン掃除機。大風量で髪をすぐ乾かすことで、髪を傷めないヘアドライヤー。いずれもコア技術を活かして、新しい顧客の価値を生み出した商品だ。将来は電気自動車にも挑戦しようとしている。

このハンドドライヤーの顧客価値は「時短」だ。手を乾かす時間が12秒に短縮するのは、私のようなせっかちな人間にとって大きな価値がある。施設も、混雑を緩和できる。

米国の経済学者ゲイリー・ハメルとC・K・プラハラードは、企業の独自の強みのことを「コア・コンピタンス」と名付けた。コア・コンピタンスとは「コア技術（中核となる技術）」と「顧客のメリット」の組み合わせだ。コア・コンピタンスが、強い商品を生み出すのだ。

かつての日本企業は、強いコア・コンピタンスを育て上げて、商品に結びつけていた。

ソニーは、電子技術とメカニカルな機械技術を組み合わせた「メカトロニクス技術」で商品を小型化する技術に長《た》けていた。このコア技術を活かし、携帯性に優れた斬新な商品を考え抜き、携帯ラジオやウォークマンを生み出して世界的なヒット商品に繋げた。

シャープのコア技術は、液晶ディスプレイ技術だった。液晶技術を活かして、商品の小型

コア・コンピタンスはコア技術+顧客のメリット

企業	コア技術	顧客のメリット		製品
ダイソン	デジタルモーター技術+流体力学技術	大風量で時短	➡	ハンドドライヤー
ソニー	電子+機械技術を統合した小型化技術	携帯性	➡	携帯ラジオ、ウォークマン、ハンディカム
シャープ	液晶ディスプレイ技術	薄型化、小型化、省エネ	➡	小型電卓、電子手帳ザウルス、液晶テレビ
この組み合わせがコア・コンピタンス				競争力のある製品

(『コア・コンピタンス経営』〈ゲイリー・ハメル、C・K・プラハラード著、日本経済新聞社〉を参考に著者作成)

化・省エネ化が可能になり、小型電卓や電子手帳、さらに液晶テレビを生み出した。

このように強みの大前提は「顧客にとって価値がある」ことだ。

顧客にとっての価値がよくわからないのに「これが自社の強みだ」と言い張るのは、女性にモテないのに「オレはモテる」と言い張るイタい男と同じである。必要なことは、顧客を理解し、顧客にとって価値があるかどうかを考え抜くことだ。

技術的に優れているだけでは、強みでもなんでもない。

強みは外から見ないとわからない

顧客目線で強みを発掘する一つの方法は、外部目線を持つ人を活かすことだ。富士宮市ではUターンした渡邉さんが中心になり、焼きそばで地域活性化を実現した。企業も、中途採用者や海外人材、顧客の生の声、さらに外部コンサルタントの活用が、自分たちが気づかない本当の強みを見極めるきっかけになる。

そして、自分自身で強みを見極めて、ハラ落ちし、その強みを活かそうと考え抜くことが必要だ。

冒頭で、マグロの刺身料理を出す温泉旅館の話を紹介したが、この話には続きがある。

懇親会で私と食の専門家がこの話をしていると、旅行業の人が加わってきた。

「もともと温泉旅館のお客の半分以上は地元の人でした。お客にとって、刺身料理はご馳走だったんです。地元の人は普段、山菜料理しか食べていませんからね」

刺身料理を出すのには、理由があったのだ。

「でも、最近は都会客が増えています。旅館は宿泊客がどこから来ているかはわかるはず。

だから、地元客には刺身料理、都会客には山菜料理、というように、宿泊客ごとに分けて夕食を出せればいいんですよね」

時代とともに顧客は変わるので強みも見直す必要がある、ということだ。

ソニーの小型化技術は、いまやアップルやサムスンなどの多くの企業も持っている。

シャープの液晶技術もコモディティ化してしまった。

コア・コンピタンスには賞味期限がある。常に見直していかなければならない。

そして、それがコア・コンピタンスかどうかを決めるのは、顧客なのである。

| POINT |

技術だけでは売れない。
顧客の価値と結びつけて考えろ

第11話

品揃えで売ってはいけない

隣に大型スーパーができた青果店の生き残り戦略

「もう終わりだ。イオンがウチの真横に出店する。あの品揃えには絶対に敵わない……」

郊外で小さな八百屋さんを経営するヤマモトさんは、頭を抱えていた。

「同じ食料品店の経営者仲間も、近所にイオンができてさ。品揃えを増やして対抗しようと頑張った。でも、しょせん零細店舗。大砲に竹槍で戦うようなもんだよ。客をゴッソリ取られて店をたたんだ。ウチもオレの代で終わりかな」

あなたは、ヤマモトさんにどうアドバイスするだろうか?

この問題を解決する方法が、マーケティングコンサルタントであるダン・S・ケネディの著書『ダン・S・ケネディの世界一ずる賢い価格戦略』(ジェイソン・マーズとの共著、ダイレクト出版）にあったので、紹介したい。

米国でイオンに相当するのが、ウォルマートだ。２０１８年度の売上は56兆円。なんと日本の国家予算の半分超。人口１万人以下の地域に出店し、圧倒的な低価格と品揃えでその地域の顧客をゴッソリ奪っていくので、地域の小売店にはとても怖れられている。

ウォルマート出店が決まったある地域に、小さな模型屋があった。

「ウォルマートには勝てない」と悩む店主に、ケネディはひと言だけ言った。

「大きなチャンスだ！　ウォルマートで買える商品は、一つも置かなければいい」

この模型屋は、熱狂的なマニアやコレクター向けの商品を揃えるようになった。

マニアはどうしても欲しい商品を見つけると、価格は二の次。

ウォルマート出店後、この店は逆に繁盛したという。


ヤマモトさんへのアドバイスも同じだ。

「イオンで買える野菜は、一つも置かなければいい」

たとえば、オーガニック食材。地方にある特産の農作物。あるいは、珍しい西洋野菜。

こんなこだわり食材を「イオンの真横」という絶好の立地で販売するのだ。こだわり食材を求める大量の顧客がイオンから流れてくる。イオンが代わりに集客してくれるのだ。

他にもこんな方法がある。近所にこのようなお知らせをするのだ。

「買いたい野菜をメールしていただければ、配送料500円でお届けします」

イオンは膨大な数の商品を抱えている。ネットを使っても、顧客は店の商品を選ぶだけで大変だし、注文に時間がかかる。店側が商品をピックアップするのも大変だ。配送時間も細かく指定できなかったりする。

しかし、八百屋は商品数が少ない。「トマト8個とキュウリ4本、キャベツ1玉、ほうれん草2把《わ》届けて」とだけ伝えればいい。顧客も店もやることはシンプル。顧客は買い物の手間が省けるし、店には宅配料が入る。これは、品揃えが少ない八百屋さんだからこそ可能なことだ。

商品数を1／10以下に減らして大成功したジャパネットたかた

私たちは「商品の品揃えは大きな強みになる」と思いがちだ。

たとえば、アマゾンや楽天にはあらゆる商品がある。何かネットで買いたいと思うと、

「まずアマゾンや楽天で検索」という人は多い。

しかし、「商品の品揃え」だけが強みになるわけではない。

むしろ、商品の品揃えを絞ることが、強みを際立たせることもある。


テレビショッピングの「ジャパネットたかた」は、高成長企業である。

2018年には売上2000億円を超えた。

かつてジャパネットは取扱商品が8500点あった。

しかし、2016年になんと1／14に減らし、600点にした。

それまでは月に2個しか売れない「金庫」まで扱っていたという。一方で、商品を登録するチームは、商品が多すぎて人手が足りず困っていた。

そもそもジャパネットの強みは、アマゾンや楽天の「多品種少量販売」とは真逆にある「少品種大量販売」である。顧客目線で商品のよさを発掘し、万全の販売体制を整え、商品の良さをアピールして大量販売できることだ。

ジャパネットが売上構成を見直すと、8500商品中、売上の多くを占めているのは1000商品だった。そこで、さらに商品を絞り込んだところ、意外と減って、600商品になった。

商品を減らすことでいいことがたくさんあった。

まず、10人いた商品登録チームを解散できた。商品登録作業の改善を一生懸命やっていたので、「改善せずにそもそもやめよう」ということになり、別の仕事に回った。

また、ジャパネットには販売する商品を買い付けるバイヤーが20名いる。8500商品だと、一人当たり400商品以上を担当しなければならない。これでは全商品にとても手が回らない。

しかし、600商品なら、一人当たり30商品を担当すればいいことになる。

結果、バイヤーが自信のある商品だけに絞り込めた。さらに、商品をきめ細かに管理できるので、メーカーに事前発注することで、顧客への納期を短くできた。選んだ全600商品については、自社制作の動画も用意してサイトに掲載し、商品をよりわかりやすく顧客にアピールできるようになった。

ジャパネットは顧客目線で強みを考え抜き、品揃えを1／14に減らしたのである。

心理学者による「選択肢」の実験が教えてくれること

商品の品揃えについては、こんな実験がある。

心理学者のシーナ・アイエンガーは、スーパーマーケットの品揃えが売上に結びついているか、疑問に思った。そこで、スーパー店内にジャム試食コーナーを作り実験をした。

一つの試食コーナーには24種類のジャムを、もう一つには6種類のジャムを置いた。

結果、24種類のほうは6割の客が立ち寄り、そのうち3％が買った。つまり、来店した客全体の2％弱しか買わなかったことになる。

6種類のほうは4割の客が立ち寄り、そのうち3割が買った。全体の12％が買ったということだ。

数が少ない6種類のほうが、6倍も多く売れたのである。

本やCDのように違いが明確な商品は、数が多いほうが顧客にとって価値がある。

しかし、ジャムのように微妙な違いだと、人は7つ以上の選択肢の違いを認識できず、逆に選べない。ジャパネットは消費者の代わりに商品の違いを目利きし、選んだ理由をテレビショッピングで説明してくれる。だから、少ない数の商品のほうが売れるのである。

このように「商品の品揃え」は、企業が持つ様々な強みの中の一つに過ぎない。

人は意外と複雑な生き物だ。選択肢はたくさんあったほうがいいと考えるが、一方で選択肢がたくさんありすぎると選べなくなる。アマゾンや楽天は前者のニーズに、ジャパネットは後者のニーズに、それぞれ応えているのである。

必要なのは、顧客目線で自分の強みを考え抜くことだ。必ずしも品揃えに頼る必要はないのだ。ジャパネットやヤマモトさんの八百屋さんのように、あえて商品を絞り込むことで、自分たちの強みを磨き上げられることも多いのである。

POINT

少ない品揃えは、戦略次第で強みになる

第12話

お客は減らせ

顧客ロイヤルティが顧客生産性を決める

ネット回線を解約することにした。

「加入は簡単だったから、解約も簡単だろう」と思っていた私は、実に甘かった。

まず解約方法がわからない。サイトを探しまくると、片隅に解約用電話番号があった。

電話すると「1分ごとに10円の料金がかかります」。

やっと十数分後にオペレータに繋がった。しかし、解約させてくれない。

「いま解約すると損です」

契約更新月以外の月に解約すると高くなるという。早く解約したいのでお断りすると、

「お得なキャンペーンがありまして……」と、売り込みが始まった。

「すぐ解約したいのですが」

「解約書類をお送りします。お電話番号とお名前をお教えください」

結局、電話では解約を受け付けてくれなかった。

10日後に書類到着。「契約時の情報をすべて書かないと、受け付けません」とある。

昔の契約書類を探し出し、すべて記入してポストに投函。1カ月後、ようやく解約は成功。

「今後、この会社は絶対にやめよう」、私は誓った。ネットを見ると、解約できず苦労している人が多いようだ。

なかなか解約できないのは、このネットサービスに限らない。世の中には、あの手この手でお客を繋ぎ止める業者が実に多い。

解約料が高額なスポーツジム。

解約しようとしたら、逆に強引に商品を買わされたケース。

「お試し無料」というので登録したら、定期購入が条件でなかなか解約できない商品。

ここまでくるとほとんど詐欺だ。「くわえたら絶対離さない」という執念すら感じる。

気軽な気持ちでＬＩＮＥを交換した男がしつこいストーカーになるのと同じ。実に怖い。

顧客ロイヤルティが高い顧客は、
顧客生涯価値も高い

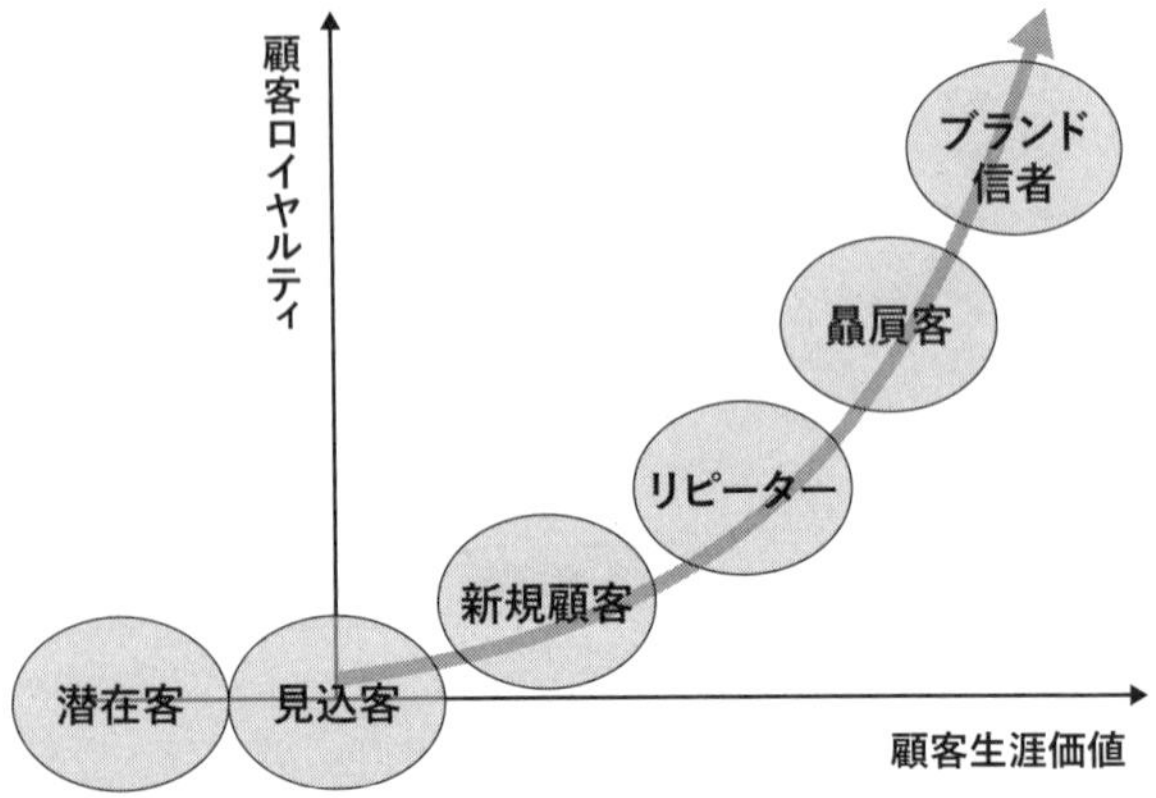

「顧客と長く取引する」という考え方自体は、必ずしも間違ってはいない。

「顧客ロイヤルティ」という考え方がある。

ひと言で「お客様」といってもいろいろな顧客がいる。将来的に買うかもしれない潜在客。現在購入を検討中の見込客。初めて買う新規顧客。何回も買うリピーター。さらにいつも買ってくれる贔屓《ひいき》客。中にはブランド命のブランド信者もいる。

いつも買ってくれるようになると、売上はとても大きくなる。たとえば我が家では、いつもお惣菜を買う店がある。1回の買い物で1000円程度だが、2日に一度買うとして1年間で18万円。10年間続くとなんと180万円。お惣菜が車1台分である。

このように、一つのお客さんが顧客でいる期間中に企業にもたらす価値を、「顧客生涯価値」（カスタマー・ライフ・タイム・バリュー）という。

こう考えると、「掴まえたお客は、絶対に離さず売り続ける！」と思う人も出てくる。

しかし、こんな方法で売ってはいけない。

不満なお客の口コミほど怖いものはない。徐々に悪い口コミが拡がり、新規顧客は増えず、ジリ貧になる。では、どうすればいいのか？

顧客を減らし、高収益を叩き出した「でんかのヤマグチ」の戦略

東京・町田にある街の電器屋「でんかのヤマグチ」は、お客を繋ぎ止めない。むしろ顧客を減らそうとしている。しかし21年連続黒字。粗利益率は大手家電専門店が26％のところ40％。実に高収益である。

その理由は高く売っているからだ。安売り店の2倍の価格で売っている家電商品も多い。上得意客だけに絞って「裏サービス」という様々なサービスを提供している。自宅まで電球や電池を届けるのは当たり前。さらに庭の草むしり、留守番、ペットの世話まで無料サービ

スで提供する。

上得意客だけに絞って高く売っているから、常識外れの手間がかかるサービスを提供していても高収益になるのだ。では、どうやってこれを実現したのか？


でんかのヤマグチの山口勉社長は、元は家電メーカーの技術者だった。

1965年に独立した当時、日本はインフラが未整備で、店に電話をひくのに1年かかった。電話がないと注文も取れないので、最初は自分のライトバンに工具、電球、トースターなどを積んで街中を走り、近所のお宅に直接御用聞きの営業や修理をしていた。水道の水漏れなども直していた。現在の裏サービスの原点はここにある。

その後、町田に電器店を開店。店舗数を増やすも採算が取れず、増やした店舗はやむを得ず閉店した。

1990年代後半になると、近所にコジマ、ヤマダ電機、サトームセン、さらにヨドバシカメラなどの大型家電量販店が次々と生まれ、安売り競争が始まった。

山口社長は直前に不採算店舗を閉店した時の借金も抱えて、お金もない。苦労して採用した社員をクビにする勇気もなかった。ないないづくしである。

そこで、「安売りしない。売上を考えない」という決断をした。

売上は気にせずに、粗利を重視することにしたのだ。

当時の量販店の粗利は15％だったが、山口社長はなんと「35～36％にする」と宣言。そのためには高く売ることだ。まず、社員の評価も給料も、売上でなく粗利を元に決めた。こうすれば、社員も利益を高める行動をするようになる。

しかし、安売りはすぐにできるが、高く売るのには理由が必要だ。

そこで、創業当初に行っていた御用聞きに徹することにした。御用聞きをするには、お客は増やせない。セールス1名で500～600世帯が限界だった。

そこで、「優良顧客と優良見込客だけに絞る」と方針を決め、5年間購入がない顧客、支払いが滞《とどこお》っている顧客、トラブルがある顧客は削除。結果、3万5000世帯あった顧客は、1／3の1万1000世帯に減った。こうすれば、上得意客にしっかりサービスができる。これまで月1回しか訪問できなかった顧客にも、月3回行けるようになった。

「お客さんをもっと減らして、上得意客へのサービスを磨きたい」と山口社長は言う。

現在は一人のセールスの受け持ちをさらに400世帯に絞り込んでいる。

高収益にするために無理にお客を繋ぎ止めるのは止め、上得意客だけに絞り込み、上得意客と末長い取引を続けているのである。

ちなみに、ある男性客が一人暮らしの母親向けに30万円台のテレビを購入した際、「母をよろしくお願いします」と伝えたという。「遠くの息子よりも、近くのヤマグチ」だ。

セールスフォースが採用する「カスタマーサクセス」という考え方

すべての顧客を繋ぎ止めて売ろうという考え方は、大きな間違いである。

顧客はそもそも無理に囲い込めない。無理に囲い込もうとすると、そこから何とか脱出した顧客は、冒頭の私のように二度と寄りつかなくなる。悪い評判も立つ。無理に囲い込むと、単なるストーカーと同じと思われてしまう。

離れる顧客を無理に追わずに長期間継続させる仕組みとして、最近注目されているのが「カスタマーサクセス」という仕事だ。

コールセンターの「カスタマーサポート」と混同されがちだが、まったく異なる。カスタマーサポートの役割はトラブル解決だ。顧客の問い合わせを受動的に待ち、対応する。そして顧客満足度の向上を目指す。

カスタマーサクセスの役割は、主に企業の法人顧客を成功に導くことだ。契約した顧客を常にフォローし、顧客自身が気づかない課題を先回りして発見し、解決策を提案する能動的な仕事である。そして解約率ゼロを目指して、顧客生涯価値の最大化を図っていく。

カスタマーサクセスは、クラウドサービス大手の米セールスフォース・ドットコムにより拡がった考え方だ。クラウドサービスは売り切りではなく、月額課金でサービスを提供する。第23話で紹介するサブスクだ。

売り切り販売だと、契約締結がゴールになる。

しかし、クラウドサービスのような月額課金になると、契約締結から顧客との関係が始まる。お客に使い続けてもらうことで、自社の売上もアップする。そこで「顧客の成功が、自社の成功にも繋がる」という考えから、カスタマーサクセスという仕事が生まれたのだ。

セールスフォースのカスタマーサクセスチームでは、常に顧客のログインやデータ更新頻度を自動で点数化し、一定点数を下回った顧客をフォローしているという。

去る顧客に無理に売ってはいけない。

繋ぎ止めるべきは、心から満足して買い続け、使い続けるお得意様である。

顧客が心地よく使ってくれる環境を作ることが、大切なのだ。

| POINT |

離れる客は追うな。上得意客に最高のサービスを提供せよ

第4章

盛りすぎで、売ってはいけない

第13話 言葉や情報を盛ると、売れなくなる

あなたはこんな商品説明を受けて、商品のイメージが湧くだろうか？

「生理工学を応用した高度なレンズ設計で、眼鏡の上からでもかけやすいルーペです。

拡大倍率は1・32倍、1・6倍、1・85倍と3段階。

顔のサイズにあわせて、小（23・5㎜×127㎜）、標準（31・5㎜×127㎜）、大（42・5㎜×136㎜）の3サイズをご用意しました。

ブルーライトもカット。さらに最大耐荷重も100キロで壊れません」


今ひとつピンとこないし、興味も湧かないかもしれない。

実はこれ、大ヒット商品「ハズキルーペ」のスペックと機能を説明したものだ。

ハズキルーペがこうして商品をアピールしていたら、恐らく売れなかっただろう。

しかし、ハズキルーペはそうしなかった。キャッチフレーズは、このひと言。

「大きく見えるハズキルーペ」

実にシンプルで具体的だ。

ハズキルーペのCMがすごい理由

テレビCMでは、小泉孝太郎が「ハズキルーペ、すごい！」、舘《たち》ひろしが「ハズキルーペ、好きだな」、武井咲《えみ》が「ハズキルーペ、大好き♡」と、褒めちぎっている。

しかしよく見ると、実用性をシンプルに、実にわかりやすくアピールしている。

小泉孝太郎はPC画面を見て「大きく見える！　ブルーライトがカットされている」。

舘ひろしはサングラスタイプをかけてワインボトルのラベルを見ながら、「大きく見えるね、ハズキルーペは。これ、咲の生まれた年だね」。

さらに、女性たちがお約束の「お尻でハズキルーペを踏むシーン」で丈夫さをアピールし、「この強度。さすがメイドインジャパン」。

何をアピールするかを考え抜き、シンプルな言葉で力強く伝えているのである。

「商品をちゃんとアピールしなければ、売れない」と考え、こと細かに機能やスペックを紹介したり、言葉や情報を盛って伝えようとする人は、実に多い。

商品プレゼンテーションでも「この商品はこんなことができる」「あんなこともできる」と、てんこ盛りに盛って説明する人ばかり。聞いているうちに眠くなる。

言葉や情報を盛りすぎると、逆に、伝える力は急激に弱まるのだ。

本当に必要なのは、逆だ。「盛る」のではなく、「削る」のだ。

消費者が必要とするモノを考え抜き、徹底的に情報を削《そ》ぎ落とす。

そして、価値のエッセンスをシンプルにわかりやすく伝える。

こうすることで初めて言葉に力が宿り、相手の心に深く届くのである。


小林製薬は「熱さまシート」「アイボン」等、他にはないニッチな商品を開発し、それぞれの市場の半分以上のシェアを獲得している。

社員からは月に3万7000件の提案が出され、月1回のアイデアプレゼンテーション会議で採用を決定するという。まずニーズを探り、アイデアを出すことに注力。そして、開発・製造・マーケティング担当が部門の垣根を越えて意見を出し合い、開発を行っていく。

しかし、こうして商品開発しても、顧客に選んでもらわないと意味がない。

そこでこだわるのが、「覚えやすく、リズム感があり、1秒でわかる」ネーミングだ。

「熱さまシート」「アイボン」も、このネーミングでまったく新しい市場を作り上げた。

ライバルも類似商品を出したが「熱さまシート」は市場で半分以上のシェアを獲得。

「わかりやすい商品名＝市場」になるのである。

「駅ナカ」も当初は「改札内グルメ」という名前で紹介されたが、イマイチ拡がらなかった。「駅ナカ」というわかりやすい言葉が生まれ、広く市場に認知されるようになった。

「16文字」でバカ売れしたｉＰｏｄ

アップルの音楽プレイヤー・初代ｉＰｏｄもそうだ。

２００１年の当時としては軽量で、使いやすく大容量だった。普通だと、このように売り文句を盛って紹介しがちだ。

「ウルトラポータブルなＭＰ３プレイヤー。重量１８５グラム。５ＧＢのハードディスクを搭載。しかも、アップルならではの使いやすさを提供しています」

盛りすぎて情報過多。顧客にアピールできない。

そこで、アップルは次のようなメッセージにまとめた。

「iPod。1000曲をポケットに」

これも、とても力強い言霊《ことだま》になっている。

まず簡潔。16文字だ。

さらに具体的。「1000曲」という数字を示している。

そして、メリットは「ポケットに入れて持ち歩ける」と明確だ。

iPodは大ヒット商品になり、その後のiPhoneの大成功に繋がった。

私が2011年に出版したビジネス書『100円のコーラを1000円で売る方法』（KADOKAWA）も、「価格を下げずに、価値を売る」というマーケティングの考え方をシンプルかつ具体的に、タイトルで表現したものだ。本書はシリーズ60万部のベストセラーになった。

いくら形容詞を使い、情報をてんこ盛りにしてアピールしても、顧客は振り向かない。

まず顧客が本当に必要とする本質的なものは何かを考え抜くことだ。

そして、形容詞は使わず、言葉は削りに削り、エッセンスに絞り込む。

その上で誰も語っていない、ありそうでなかったシンプルな言葉で表現すべきなのだ。

| POINT |

本質を考え抜き、シンプルな言葉で伝えろ

第14話

このNGワードで、売ってはいけない

プロモーションで「伝わる言葉」と「伝わらない言葉」の違い

マーケティング戦略のコンサルティング会社を経営するジェフリー・フォックスは、著書で8つの広告禁止用語を紹介している。どれも広告でよく見かけるが、すべてNG。

プロモーションの仕事をしていて「使ったことがない」と胸を張れる人は皆無だろう。

かくいう私も過去よく使っていた（恥ずかしい……）。

もし、販促の企画でこの言葉を見つけたら、その場で即刻、その上に×を書いてほしい。

◇「私、私たち」

「私たちは……」という言葉は、顧客にとってまったく意味がない。会社名や商品名など、具体的で客観的な言葉にすべきである。

◇「違い」

「当社は他社と違います」というパンフレットや広告の文面を見かけることが多い。しかし、目を皿のようにして読んでも、何が違うか、さっぱりわからないことも多い。「違う」という前に、何が違うのかをわかりやすく簡潔に説明するほうがずっと効果的だ。

◇「ソリューション（解決策）」

そもそも顧客の課題解決がビジネスそのものだ。

「私たちはソリューションを提供しています」は「私たちは商売をしています」と同義語である。「ソリューション」という言葉で誤魔化さずに、具体的に表現すべきだ。

第13話で紹介したハズキルーペのメッセージは「大きく見えるハズキルーペ」。簡単明瞭に解決策を表現すれば、その解決策が必要かどうかを顧客が判断する。

◇「クオリティ（品質）」

高品質であれ低品質であれ、どんな商品も何らかの品質を持っている。商品が高品質かどうか判断するのは顧客だ。「当社は高品質です」というのは、「ボクはモテます」と言っているイタい男と変わらない。

◇「テクノロジー（技術）」

技術を使わない商品はない。顧客は技術ではなく、商品から得られる「価値」にお金を払っている。技術をアピールするのではなく、具体的に何ができるかをアピールすべきだ。

たとえば、パナソニックは「微凍結パーシャル」という冷蔵技術を持っている。

しかし、「微凍結パーシャル」だけだと何のことかわからない。

実は、この技術は、完全には凍らない零下3度で食品を保存でき、解凍いらず。肉や野菜・作り置きのおかずなどは1週間保存可能。チルドだと平均4日、冷蔵だと3日しか保たないというから、この違いは大きい。

そこで、パナソニックは忙しい共働き家庭をターゲットにして「7daysパーシャルで、まとめ買いでも冷凍しないで新鮮長持ち」と言い換えている。

CMでは俳優の西島秀俊さんが、週末に1週間分のラタトゥイユをつくったり、娘に晩ご飯をリクエストされたりする共働きのカッコイイお父さんを演じている。

◇「生涯（一生）」

「生涯価値」「一生モノ」という言葉をよく見かける。

しかし、寿命といっても長さはそれぞれだ。具体的にすべきである。

◇「本物」

「これは本物です」と言われても、何が本物なのかよくわからないことも多い。本当に顧客が魅力だと思うのであれば、具体的に明記すべきだ。

◇「最上級の形容詞」

「最高の」「最善の」「最も優れた」「最適化した」「最小の」「最速の」など、最上級の表現はいろいろある。しかし、最上級であることが顧客にとって意味があるのであれば、二番手と比べてどれだけすごいのか、数字を事実で示すべきである。

NGワードの共通点は、顧客の価値が具体的でないことだ。

具体的かつ簡潔な言葉で表現できるように、考え抜くことが必要なのだ。

| POINT |

具体的かつ簡潔な言葉で、顧客の価値を表現してみせよ

第15話

みんな知っているのに、売れない理由

「共感の時代」がやってきた

2017年、サントリーは第三のビール「頂《いただき》」のウェブ限定CMを公開した。タイトルは「絶頂うまい出張」。CMでは出張先で出会った女性と一緒に食事をするシーンが続き、お酒でほろ酔いの女性が性的なことを連想させる言葉を連発している。「男性にとって都合がいい女性像を性的に表現している」との批判が相次いで、大炎上し、数日で公開は中止された。

このようなCMを見て、私たちは「炎上狙いでは逆効果だよ」と思ってしまう。しかし、これはサントリーと電通が仕掛けたCMだ。顧客獲得が目的のCMで、顧客を怒らせて顧客離れが起こってはまったく意味がない。マーケティングを熟知する彼らは、当然ながらよくわかっている。だから、彼らが意図的に炎上狙いをすることはあり得ない。

ただ、意図的に炎上は狙わないが、「ギリギリ」を狙うことはとても多いという。

これにはウェブの特性が関係している。

テレビＣＭの場合、お金を払えば確実に大量に放映される。

しかしウェブは違う。ネットで目立たないと再生数は伸びないし、話題にもならない。

「大金を払ってウェブＣＭを作ったのに、話題にならない」では、怒られる人が出てきてしまう。

そこで、ウェブＣＭでは「バズ」を狙うことが多い。「バズ」とはＳＮＳで多くの人たちが「いいね」をしたりシェアすることで、一気に拡がり話題になる状態のことだ。

このバズを起こす確実な方法が、炎上ギリギリを狙い、再生数を増やす作戦なのである。

「頂」の場合は担当チームの会議で、ノリで企画を考えているうちに、どんどん過激な内容になってしまい、バズを飛び越えて炎上してしまったようである。

そして、「頂」のブランドも大きく傷つける結果となってしまった。

ＣＭ中止から2年経った２０１9年現在、グーグルで「頂　サントリー」と検索すると、検索上位にあの炎上ＣＭが表示される。

「大勢の目に見てもらおう」という目的自体は、必ずしも悪くない。問題は手段だ。「センセーショナルで刺激的なメッセージで」と考えるのが、間違いなのである。情報があふれるいまの時代に必要なのは「刺激的なメッセージ」ではない。「共感」を生み出すことなのだ。

通称「尻職人」グラビアアイドルのSNS戦略

ちょっと場面を変えて、芸能界の例で考えてみよう。

芸能界で「お騒がせタレント」をよく見かける。「たくさんの人に名前を憶えてもらわないと売れない」と考えて、SNSで相手を挑発する言葉を吐いたり、トップアイドルや人気俳優との暴露話を番組で話したりして、刺激的なニュースを提供し、あえて炎上を狙う。

メディアも視聴率が稼げるニュースが好きなので、大きな話題になる。

しかし、ほとんどの「お騒がせタレント」は、いつの間にか芸能界の表舞台から消える。

刺激的なニュースは確かに話題になる。しかしそんなニュースはすぐに飽きられる。

さらに、世間から「あの人＝困った人」と記憶される。そういうタレントがイベントをしても、誰も来ない。認知度は高まっても、肝心のファンは増えないのである。

ここで紹介したいのが、グラビアアイドル・倉持由香さんの考え方である。

華やかに見えるグラビアアイドル市場だが、現実には縮小している。競争は厳しい。

芸歴15年の倉持さんは、最初の9年間は売れず、事務所のお茶汲みやコピー取り、サイト制作をしながら、事務所に住み込んでいた。事務所の台所前の板の間で、ドン・キホーテで買った寝袋で4年間寝ていたという。今どき滅多に聞かない苦労話である。

ちなみに初任給は5000円。日当ではない。月給である。

その後、給料は増えたが、5万円、7万円、10万円と不安定なままだった。

そんな倉持さんはお尻が大きいのがコンプレックスで、サイズを小さめに申告していた。

しかし、カメラマンから「その大きなお尻がいいんだよ。使わなければ『ムダ尻』」と言われたのがきっかけで逆に振り切り、ツイッターで「尻職人」というキャッチコピーを付けて、5分に1回お尻の写真を投稿する「自画撮り」を始めた。

倉持さんは「グラビアアイドルの顧客＝女の子の身体が好きなおじさん」と考えている

（おじさんとは「年齢にかかわらず女体に興味がある属性としての記号」だという）。

そして、「顧客であるおじさん目線で考えることが大事だ」と考えている。

実は自画撮りは、「おじさん目線＝顧客目線」を育てる思考訓練でもあるのだ。

こうして、グラビアアイドルの友達と自画撮りをリツイートし合って、フォロワー数を増やしていった倉持さんは、「グラビアアイドルが一緒に自画撮りを載せられるアプリがあればいいのに」と思っていた。

その時にふと「そうだ。グラビアアイドルみんなが使える共通のハッシュタグを1個作ればいい」と思いついた（ハッシュタグとは、＃という記号の後にキーワードをつけて投稿すると、そのキーワードつきの投稿が簡単に検索でき、一覧できるようになる機能。インスタグラムなどにも同じ機能がある）。

倉持さんがハッシュタグ「＃グラドル自画撮り部」を使い始めると、3日間で100人以上のグラビアアイドルが参加。Yahoo! ニュースのメイントピックスに選ばれるなど、大きな反響があった。2014年の日本国内ハッシュタグランキングでは8位に輝いた。

グラビアアイドルの卵たちも、倉持さんの下積み時代と同じ苦労をしている。一方で、2

000年代後半から、アイドル界はAKB48等のグループアイドルが台頭していた。

倉持さんは、グラビアアイドル界に「グループアイドルのような青春ストーリー」を作りたいと願っていたという。

「#グラドル自画撮り部」の狙いは、甲子園を目指す高校野球の球児のように、彼女らグラビアアイドルたちの日頃の頑張りをファンに伝えることだったのである。

路上ライブでのビラ配り、ワンマンライブ、そして、いつかは武道館や東京ドーム……。

この成長ストーリーをファンと一緒に追体験することで共感が生まれ、「応援」という具体的な行動に繋がっていく。

共感は伝わり、ハッシュタグを使い始めてから倉持さんのフォロワー数は1週間ごとに1万人増え、翌月には5万人になった。他のグラドルの卵たちもフォロワー数が増え、おかげでテレビ出演が決まり、仕事へのオファーも増えたという。

さらにファン、グラビアアイドル、そしてメディアのWin-Win-Winの関係も作れた。

ファンはハッシュタグで自分が推すグラビアアイドルを見つけられる。グラビアアイドル本人も知名度を上げられる。そして、メディア関係者は、仕事のテーマに沿ったグラビアアイドルを見つけやすくなった。

倉持由香さんの「知名度のピラミッド理論」

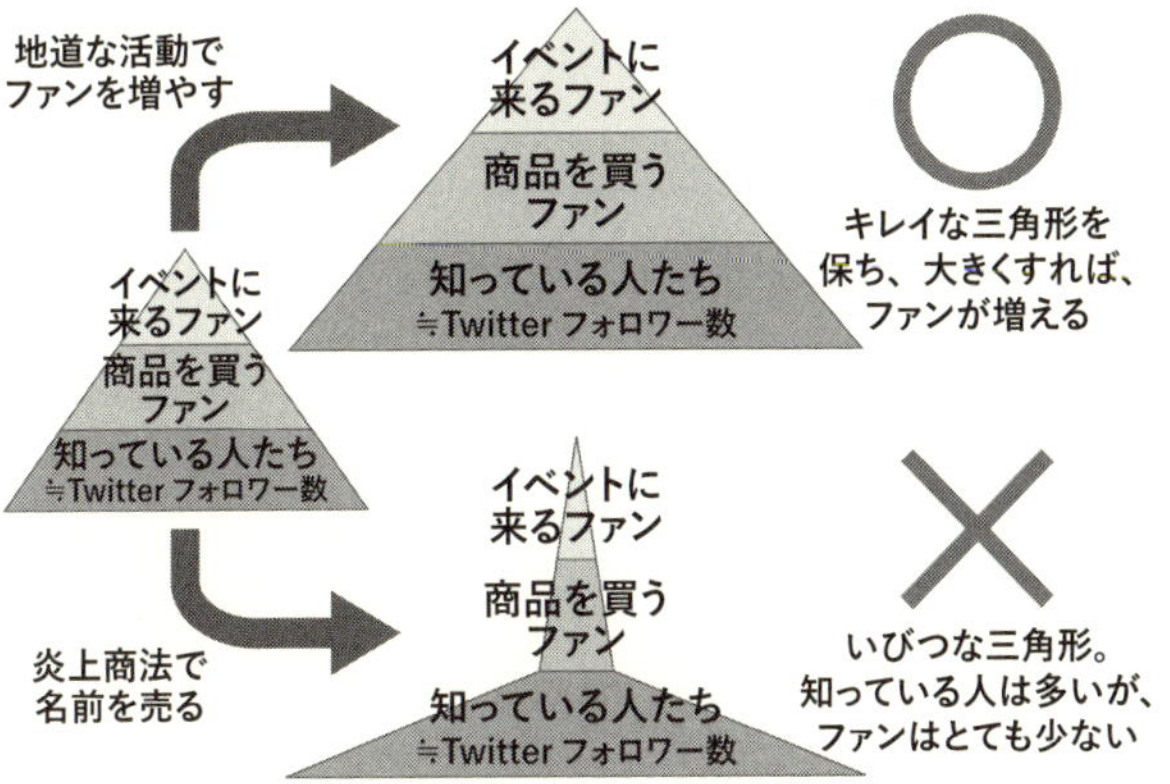

(『グラビアアイドルの仕事論』〈倉持由香著、星海社新書〉を参考に著者作成)

知名度のピラミッド理論とは

そんな倉持さんは、自身が「知名度のピラミッド理論」と名付けた理論を持っている。

上図をご覧いただきたい。三角形の一番下が「私を知っている」、真ん中が「商品を買うファン」、トップが「イベントに来るファン」だ。

トップ層を増やすには底辺を拡げ、自分のことを知っている人を増やす必要がある。

「自画撮り」は3階層目の人たちを増やすためのものだ。いわば「ティッシュ配り」である。

さらに、グラドル個人で情報発信するよりも、大勢のグラドルたちで「#グラドル自画撮り部」というハッシュタグで情報発信すれば、情報発信力は格段に増幅し、ピラミッドの底辺は一気に拡がる。一人の力よりも、チームの力なのである。

しかし炎上商法では、自分を知っている人は増えるが、上の「ファン」は少ないまま。ピラミッドがいびつになるだけなのだ。

地道な活動を続け、キレイな三角形を保ち、ピラミッドを大きくすることが必要だ。

ちなみに、倉持さんは仕事を切らさないために、常に意識していることがある。

「SNSで事前告知。相手の想定を超えるパフォーマンスを出す。お礼を欠かさない」

一つの仕事で終わりにせず、仕事が仕事を生み出す循環を作るのだ。

華やかに見えるグラビアアイドルの世界だが、やっていることは地味な作業の積み重ねだ。

倉持さんは、日々の小さな信用の蓄積が、ブランドを作り、徐々に大きなピラミッドになることを知っているのである。

こうして倉持さんは、いまや「グラビアで稼いでタワーマンションに住む」という夢をかなえているという。

必要なことは、大勢の目に触れることではない。

必要としている人に、共感を届けることなのである。

| POINT |

目立つだけでは売れない。
共感を生み出せ

第5章

大市場に、売ってはいけない

第16話 商品開発するな。顧客開発せよ

セグウェイ、プレミアムフライデーが失敗した理由

発表前に「ジンジャー」という名で、実態が極秘のベールに包まれた商品があった。

「人の移動形態を変える革命的な商品だ」

極秘に実物を見たというビル・ゲイツ、スティーブ・ジョブズ、ジェフ・ベゾスといった大物たちは大絶賛。噂が噂を呼び、ついには「空中に浮かぶスケートボードではないか?」「実はタイムマシンではないか?」とまで言われるようになった。

こうして2001年、満を持してセグウェイは発表された。その実態は、電動立ち乗り二輪車。

人が立ったまま乗るボードの両側に車輪が二つ付き、真ん中にハンドルがついて、立ち乗りして最高時速19キロで走れる。しかし、1台60万円で販売が始まったが、3年間の販売台

数は6000台。世界的に話題になったにしては、やや寂しい結果だ。

鳴り物入りで失敗したものは多い。

最近では「プレミアムフライデー」もその仲間だろう。経済産業省や経団連が「月末金曜日は午後3時に退社しよう」と呼びかけ、消費喚起を図った。ロゴマークも作られ、メディアでキャンペーンも行い、実際に、早く退社した会社員が居酒屋で乾杯する様子も繰り返しニュースで流された。しかし、プレミアムフライデーはなかなか定着していない。


セグウェイやプレミアムフライデーには共通点がある。

顧客のどんな課題が解決できるかがよくわからないことだ。

セグウェイは見た目はすごいが、何に使えるかが不明だ。時速19キロはちょっと遅い。自転車のほうが手軽で安い。すべてが中途半端。積極的に買う理由がなかった。

プレミアムフライデーの月末は、多忙な締め日だ。「早く帰って消費を増やし、経済活性化を！」と言われても、「でも目の前の仕事はどうなるの？」が会社員の本音だろう。

必要なのは早く帰宅できる機会の提供よりも、早く仕事を終える解決策の提供である。

鳴り物入りで登場して失敗した商品やプロジェクトの多くは、このパターンである。すごい商品や話題性で、一時《いっとき》は世の中の関心を集めるかもしれない。しかし、顧客が買うという行動にまでは至らない。だから売れない。必要なのは「ぜひ買いたい」という顧客を見つけ出し、「ぜひ買いたい」と思うように改良し続けることだ。

パワーユーザーに絞り込んで大成功したペイパル

米国のペイパルは、世界最大のオンライン決済サービスだ。

ペイパルは最初に、徹底的にユーザーを絞り込んだ。当時急成長中の世界最大のオークションサイトｅＢａｙで、取引が多い数千人のパワーユーザーに狙いを絞ったのだ。

ｅＢａｙのパワーユーザーは頻繁にサイト上で取引をし、お金をやり取りしている。

しかし当時、使い勝手のよいオンライン決済サービスはなかった。そこで、彼ら数千人に集中して売り込みをかけ、３カ月間で彼らの１／４に使ってもらうことに成功した。これがきっかけになり、次第にｅＢａｙ以外でも幅広く使われるようになった。

顧客が痛みを持つ小さな市場に絞り込め

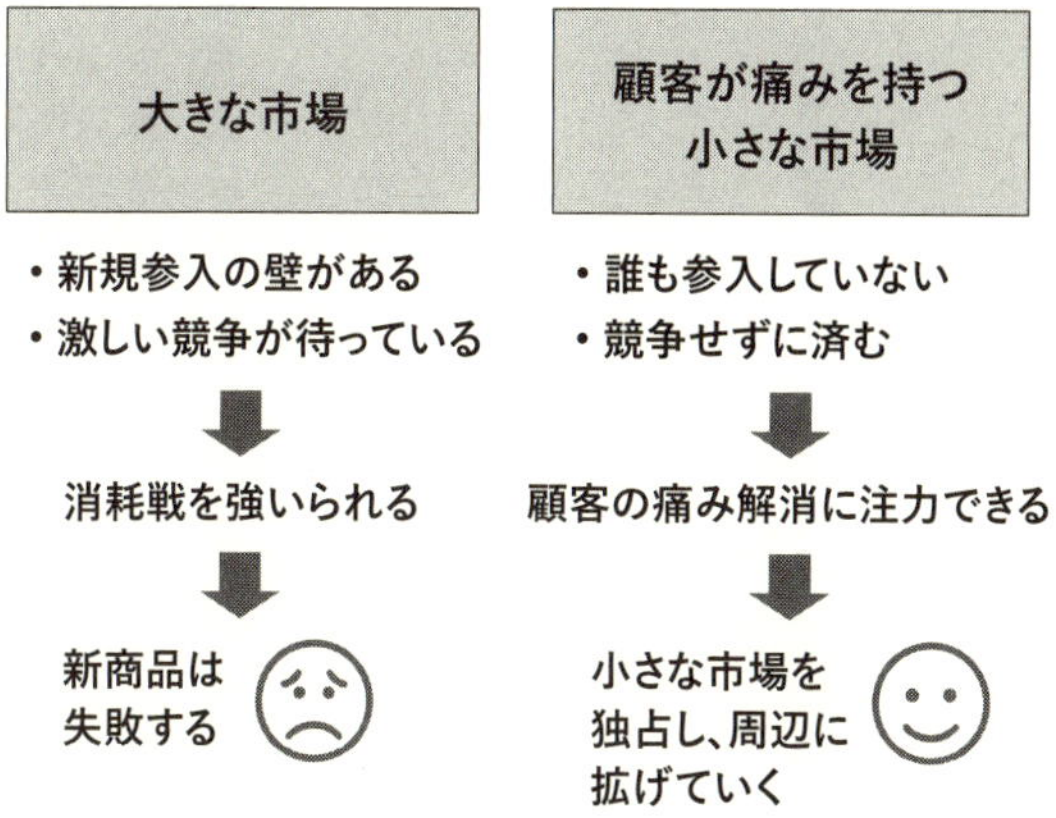
大きな市場
顧客が痛みを持つ小さな市場
・新規参入の壁がある
・激しい競争が待っている
・誰も参入していない
・競争せずに済む
消耗戦を強いられる
顧客の痛み解消に注力できる
新商品は失敗する
小さな市場を独占し、周辺に拡げていく

他にもある。企業向け文書管理システムを開発・販売する米国・ドキュメンタムだ。

創業して数年が経ったドキュメンタムは成長が行き詰まっていた。

そこで、幅広く提供していた文書管理システムの業務範囲を、徹底的に絞り込んだ。

その一つが、製薬会社の新薬認可申請業務だ。製薬会社にとって新薬は、将来の売上を左右する生命線だ。新薬発売のためには、新薬認可を申請し、認可を得る必要がある。この新薬申請には、申請書類だけで25〜50万ページも用意する必要があった。数カ月の期間と膨大な人件費がかかる上に、申請が1日遅れるとそれだけ新薬の売上が減る。

製薬会社にとって、巨額のコストと機会損失だ。

製薬会社は「お金はかかってもいい。簡単迅速に申請したい」と考えていた。

そこでドキュメンタムは、ある製薬会社のこの業務に徹底的に絞り込み、1年間かけてシステムを作り上げ、大きな成果を上げた。その後、このシステムは製薬業界でダントツのシェアを獲得。さらにこの経験を活かし同じ悩みを持つ製造業や金融業に拡げていった。

新商品は、「顧客の痛みの大きさ」を基準にして徹底的に絞り込むことが大切なのだ。

「お金がかかってもいい。何とかこの痛みを解決したい」と顧客が考えるのは、誰もその痛みを解決できないからだ。それは、裏を返すと新商品成功の大きなチャンスなのだ。

「何とかしてほしい」という顧客の声は、決して無視してはいけない。それが新商品が成功する大きなチャンスなのだ。

製品開発モデルではなく顧客開発モデルを追求するハイアール

ペイパルやドキュメンタムが行ったのは、「商品の開発」ではない。

新商品や新サービスを使う「顧客の開発」だ。

ペイパルはそれまで存在していなかった電子決済サービスユーザーという顧客を開発し

た。ドキュメンタムも、それまで存在していなかった文書管理システムを活用して、新薬認可申請をする顧客を開発した。成功する新規事業は、新しい顧客を開発しているのだ。

日本の家電メーカーが低迷するなか、中国の家電メーカー・ハイアールは成長を続けている。ハイアールの張瑞敏《チャンルエミン》CEOは消費者中心主義を徹底している。

ハイアールは三洋電機の白物家電部門をパナソニックから買収したが、三洋電機から移籍した商品開発エンジニアには、こう教え込んでいるという。

「君は製品を開発しているわけではない。市場を開拓しているのだ」

ハイアールでは、開発エンジニアに「あなたの仕事は、市場を開拓するために消費者のニーズを正確に把握することだ」ということを徹底して伝えている。開発エンジニアは営業と一緒に市場に出て、消費者が何を求めているかを理解することに努めているという。

このように現代では、新製品を成功させる方法論は大きく変わっている。

これまでの製品開発のやり方は、根本的に見直す必要がある。

製品開発は、①コンセプトを考え、②製品を開発し、③機能検証テストをした後に製品を出荷して、④販売を始める、と進めるのが常識になっている。

製品開発モデルと、顧客開発モデル

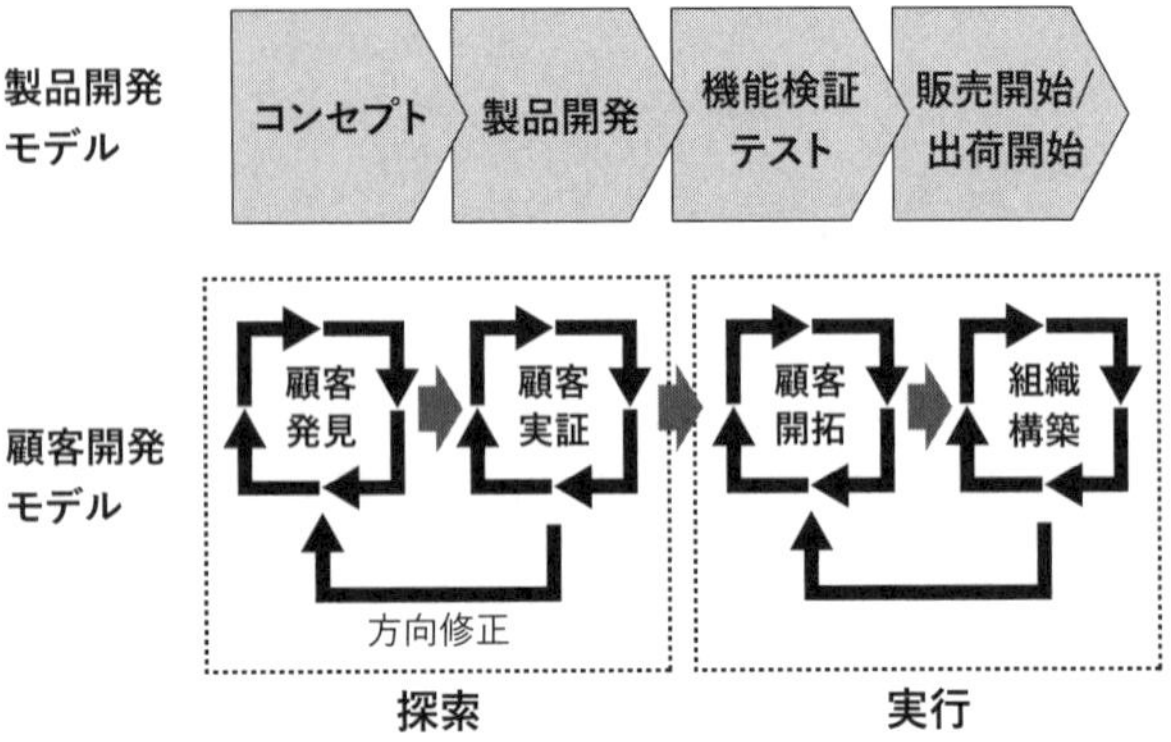

（『アントレプレナーの教科書［新装版］』〈スティーブン・G・ブランク著、翔泳社〉より一部改変して引用）

しかし、根本的な問題がある。お客が本当に買うかどうかを検証していないのだ。

シリコンバレーで伝説のアントレプレナーといわれているスティーブン・G・ブランクは「顧客開発モデル」を提唱している。

まず商品コンセプトを考えたら、本当にその商品を必要とする顧客がいるかを見つけ出す。そして、その顧客にとって満足がいく商品かどうかを徹底的に実証する。もし問題があれば、商品コンセプトを何度でも見直す。これを繰り返しながら、顧客にとって価値がある商品へと早い段階で進化させる。そして実証できたら、より多くの顧客を開拓し、必要な体制づくりを行っていくのだ。

炊飯器ではなくコメを売るアイリスオーヤマ

日本企業でも事例がある。

「コメ販売」はまさに成熟した業界だ。

この業界に異業種から参入し成長しているのが、アイリスオーヤマだ。

店頭で売られている白米は、玄米を精米しヌカを落とした状態で売られている。しかし、ヌカを落とした状態は、人間で言えば皮膚が剝《は》がれた状態と同じ。白米のまま空気に触れていると酸化が進み、白米が劣化してまずくなってしまう。玄米を買いコメを炊く直前に家庭用精米器で精米すれば美味しく食べられるが、手間がかかる。だから、普通の家庭ではやらない。

コメ生産者は、精米したコメをキロいくらの低価格勝負で売り、買う側は5キロとか10キロ単位で1カ月分をまとめ買いするのが現実だ。結果、家庭の中でコメの酸化が進み、味が劣化してしまう。

実は、コメはもっと美味しくできる。10万円以上の高級炊飯器で酸化した高級米を炊くよりも、普通の炊飯器で新鮮な普通のコメを炊いたほうが美味しいという。

そこで、アイリスオーヤマは、まずコメ生産者から一定価格でコメの全量を買い取ることにした。

そして低温工場を作り、玄米のまま保管し、需要に応じて精米している。包装は3合（450グラム）の小分けパックに脱酸素剤も入れて出荷。家庭で炊く直前に開封するので、精米直後の美味しい状態でコメの味を楽しめる。

売り方も工夫した。小売店にとってコメは、あまり売りたくない商品だった。5キロや10キロパックでかさばる。賞味期限も短い。そこでアイリスオーヤマはパックを軽量化し、賞味期限を150日にすることで、コメを店にとって魅力的な商材に変え、店頭で売りやすくした。おかげで、イオンやイトーヨーカ堂も取り扱うようになった。

こうして、アイリスオーヤマは「美味しいコメを普通の炊飯器で炊いて食べたい」という顧客を新たに創り出したのだ。

古い業界にこそ大チャンスがある

アイリスオーヤマの大山健太郎会長（当時社長）は、非効率なコメビジネスは「伸びしろの塊」と気づいたという。大山会長は著書でこう述べている。

「お客さんの不満を解消し続ければいい。幸せに暮らしていてもどこかに不満は生じる。それを解消する商品やサービスを顧客が納得する価格で提供すればいいだけのことだ」

古い慣習がはびこっていて低迷する業界は、顧客の痛みも大きい。

こんなところにこそ、ビッグチャンスは隠れているのである。


私たちは顧客については知らないことばかりだ。

だから常に謙虚に貪欲《どんよく》に、顧客から学び続けることが必要なのだ。

そのためには、最初から大きな市場を狙ってはいけない。

小さな市場に狙いをつけて、顧客の痛みに絞り込んで、「ぜひ買いたい」と思う顧客を創り出すことなのである。

| POINT |

顧客の切実な痛みに絞り込み、顧客を開発せよ

第17話

多数顧客に売ってはいけない

どのお客に絞り込むべきか

前の第16話で「顧客を絞り込め」と言ったが、「現実には難しい」という人も多い。

「店を禁煙にすると、お客はゴッソリ減ります。どうしたものか？」

居酒屋店長のムラタさんが、店を禁煙にするかどうかで悩んでいた。

私はタバコを吸わないので「すぐ禁煙でしょ？」と思うのだが、簡単ではないらしい。

成人喫煙率は1965年に男性82％・女性16％だったが、2017年にはなんと男性28％・女性9％（JT調査）。いまや「受動喫煙は嫌だ」という人のほうが「タバコを吸いたい」という人よりもはるかに多い。

一方で居酒屋、バー、スナックに限ると、喫煙客の割合は実に過半数の54％だ（富士経済の調査)。

居酒屋の来店客の半数以上は、喫煙者である。

2020年4月には、受動喫煙対策を盛り込んだ改正健康増進法が施行される。

ムラタさんの店のような小規模店舗は「喫煙可能」と示せば規制対象外になる。

ムラタさんは「全面喫煙」「喫煙可能」のどちらを選ぶか、踏み絵を迫られている。

ムラタさんの悩みは深い。

なぜ串カツ田中、マクドナルドは全店禁煙に踏み切ったのか

こんななかで串カツ田中は、2018年6月に全席禁煙を決めた。

全席禁煙で同月の既存店売上は前年同期比で2・9%減ったが、来店客は2・2%増えたという。会社員や男性客は減ったが、家族連れが増えた。子どもや未成年は酒を注文しないので客単価は5%減るが、同社は「客数減少は想定内。いい結果だ」という。また、禁煙実施の結果、ファミリー層が増加し、年間で閑散期だった冬場の客数も増えた。

「酒が飲める場で、禁煙はあり得ない」「子どもを連れて来店できる」と意見が分かれるなかで全面禁煙に踏み切ったのは、「家族に安心して来てもらえる店」を目指し、未来の顧客

をつくるためだ。幼少期の食事は心に残る。串カツ田中はどんな店を目指すかを考え、10年後のために喫煙客を捨てて、家族客を選び、全面禁煙に踏み切ったのである。

日本マクドナルドも２０１４年8月に全店禁煙を発表した。

当時、２０１４年から15年にかけて売上３割減と業績低迷のなかでの全店禁煙の発表。喫煙者の反発は強かった。多くの専門家も「安く手軽に利用できるマクドナルドは、喫煙者には貴重な存在。利用者の大幅減は確実」と指摘した。業績が低迷すると「少しでも既存客を確保したい」と考え、悩むところだろう。しかし、日本マクドナルドがあえて全店禁煙に踏み切ったのは、「一番大切な顧客は誰か」を見極めた結果だ。

マックの店内には、実に様々なお客がいる。スーツ姿のビジネスマン、主婦グループ、のんびりくつろぐシニア客、ゲームに興じる女子高生や雑談する男子大学生。

一見、「マックの顧客＝世の中すべての消費者」と思いがちだ。

だが、日本マクドナルドは、ターゲット顧客を「母親」に絞り込んだ。

２０１５年初頭、当時日本マクドナルドＣＥＯとして経営再建を託されたサラ・カサノバは、次のように語っている。

「すべての顧客に売ろう」と考えるから、売れない

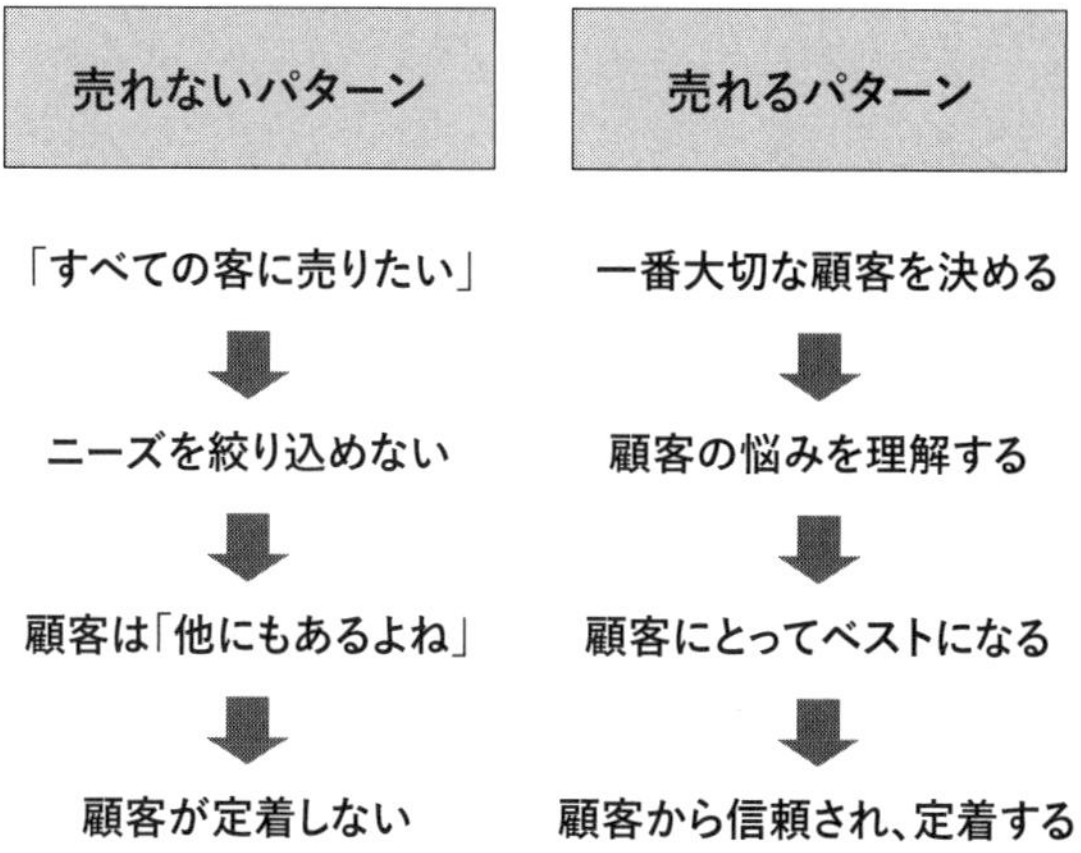
売れないパターン
「すべての客に売りたい」
ニーズを絞り込めない
顧客は「他にもあるよね」
顧客が定着しない
売れるパターン
一番大切な顧客を決める
顧客の悩みを理解する
顧客にとってベストになる
顧客から信頼され、定着する

「最も高い基準を持つ母親の目線を通して、ブランドの信頼を取り戻す」

マクドナルドに来る母親は、中学生・高校生の頃からマクドナルドが大好きで、放課後もマクドナルドで過ごし、なかにはマクドナルドでのバイト経験がある人も多い。今も子連れでマクドナルドを訪れ、ママ友と世間話をする。マクドナルドにとって彼女らは、生涯にわたってブランドを愛し続ける、とても重要な顧客なのである。一方で、母親としては「子どもたちに変なものは食べさせたくない」と考えている。

そこで経営陣は、「最も厳しい目線を持つ母親たちの信頼を取り戻せば、ブランドは再生する」と考えたのだ。

信頼を取り戻すには、まず相手を知ること

だ。

カサノバCEOは47都道府県を回り、彼女らと対話を重ね、マクドナルド本来の強みである「おいしい商品」「わかりやすい価格」「魅力的なメニュー」「快適な店舗」が求められていると確信した。当時のマックはこれらが劣化したと見なされ、低迷に陥っていたのだ。

そこでマクドナルドは、店舗改装、食の安全の見える化、メニュー刷新など様々な施策を行った。全店禁煙はこれらの施策の一つだ。母親たちが訪れやすい店作りのため、全店禁煙化は自然の流れだったのである。こうして、マクドナルドの業績は復活した。


冒頭のムラタさんのように「すべてのお客さんに売りたいから、多くの要望に応えなければ」という人は実に多い。大きな間違いだ。すべての顧客に売ろうとして絞り込めないから、平凡になり、お客も「他にもある」と思って定着しない。

逆に顧客を徹底的に絞り込み、彼らが何を求めているかを深く理解し、応えることが必要なのだ。

座談会での意見と正反対の皿を選んだ消費者モニターたち

商品を開発する時も同じだ。

顧客の意見を広く汲み取ろうとする人は多い。

顧客の理解は大切だが、ただ意見を聞くだけでは、顧客は深く理解できない。

ある食器メーカーは「主婦にどんな皿が欲しいかを聞いて皿を作れば、売れるはずだ」と考えた。そこで、主婦数名を集めて議論してもらった。

主婦たちの結論は「欲しいのは、お洒落でかっこいい、黒くて四角い皿」だった。

インタビュー後、担当者が「お礼に食器サンプルの中から、好きな皿を一枚お持ち帰りください」と伝えると、なんと全員が白くて丸い皿を選んだ。

担当者が「なんでこれを選んだのですか？」と聞くと、

「家にあるのは丸い皿ばかりだし」

「食卓が木目なので、白い皿で揃えているんです」

顧客にインタビューしても、実際に買うのはインタビュー内容とは別の商品なのである。

担当者からすると「それなら、はっきり言ってよ！」と言いたくなる。

しかし、そもそも人とは、そういうものだ。

高級レストランで「味が微妙だなぁ」と思いながら食事している時、シェフが来て「お味はいかがですか?」と聞かれたら、ニコニコして「とっても美味しいですね」と答える人が多いはずだ。人はわざわざ嫌われることは言いたくない。味のどこが悪いかもわからないし、答える義務もない。

消費者インタビューの問題は、顧客の課題を絞り込まずに、不特定多数の人たちに広く浅く意見を聞いていて、顧客が抱える課題を発掘できないことだ。

「主婦」とか「会社員」といった人たちに絞り込んでインタビューしても、彼らが抱える課題は人により様々。顧客の本当の課題は掘り下げられないのである。

三人の意見に注目して大ヒットした花王・ピュアシャンプー

では、どうすればいいいか?

ヒット商品のヒントは、まだ多くの人が気づいていない、少数意見の中にある。

多数顧客は捨てる。広く浅く聞くのはやめる。少数顧客を徹底的に理解するのだ。

1987年に創刊した料理系雑誌『レタスクラブ』は「まじめで丁寧な暮らし」をコンセ

プトに、食に関心が高く一生懸命な主婦に支持されて部数を伸ばしてきた。

しかし、ここ数年は最盛期の1／5にまで部数を落として低迷していた。

そこで読者8名を選び、LINEやオフ会などで徹底的に本音を聞いたところ、夫への不満・借金・不妊など、少人数だからこそ話せる悩みや本音が次々と出てきた。

いまの読者は創刊当時とは違い、ワーママ（ワーキングマザー）に限らず専業主婦も、「何とか買い物に行く時間を確保している」という状態だった。

求めていたのは、「まじめで丁寧な暮らし」ではない。

「なるべく楽をして、毎日を楽しむ」ことだった。

それまでの誌面と読者の本音との間には、大きな隔《へだ》たりがあったということだ。

こんな本音は、表面的な読者アンケート調査や短時間のインタビューではわからない。

少数読者の本音を徹底的に聞き続けたからこそ、引き出せたのだ。

『レタスクラブ』は、2017年3月に隔週刊を月刊に変えたタイミングで、「考えない、悩まない。あなたの生活をもっとラクに、楽しく！」というコンセプトに一新した。

たとえば、夏休みの手抜きご飯特集では「暑いから！　調理時間を半分に！」「これを料理と呼んでいいのか？」。今までタブーだった離婚やセックスレスもテーマに取り上げた。

すると、3号連続で完売。2018年上期には発行部数でライバルの『オレンジページ』を抜き、料理系雑誌でトップに立った。

少数意見から大ヒット商品が生まれた事例は、他にもたくさんある。

花王で会長を務めた尾崎元規さんが、1980年代にブランドマネージャーとしてシャンプーを担当していた時のこと。当時、朝に洗髪をする「朝シャン」が流行し始めていた。そこで、ある調査でシャンプーへの要望を聞くと、500件あった意見の中で「髪を軽くしたい」という意見が3件だけあった。

普通だと見逃す少数意見だが、尾崎さんは「髪を軽く」という表現が気になり、開発部門と一緒に調べたところ、皮脂や整髪料の影響で実際に髪が重くなることがわかった。「髪を軽くするシャンプーがあれば売れる」と考え、毎朝洗っても髪が傷まず軽くなる「ピュアシャンプー」を開発・販売したら、爆発的に売れた。

多数の平均的意見から得られることは、すでにライバルも知っている。表面化したニーズだ。だから、ライバルとの消耗戦に陥りがちだ。

必要なのは、顧客の観察である

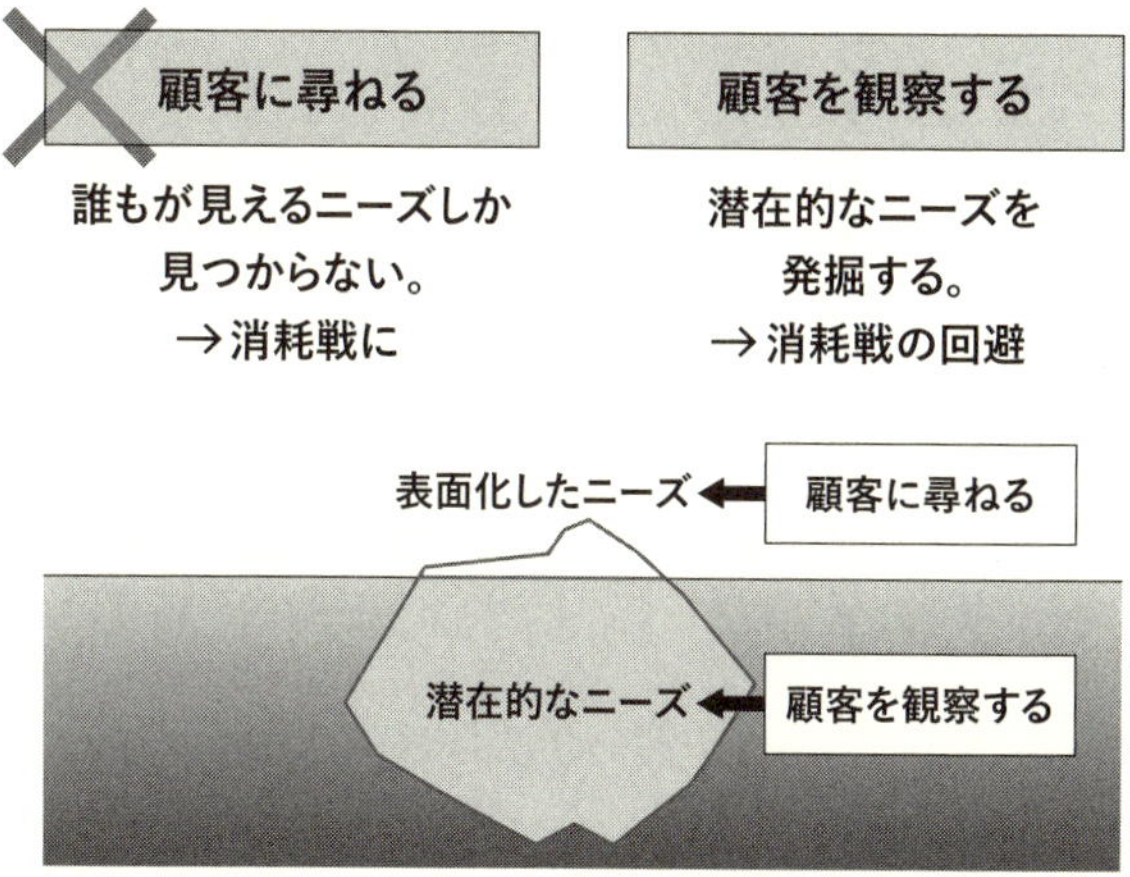
顧客に尋ねる
誰もが見えるニーズしか
見つからない。
→消耗戦に
顧客を観察する
潜在的なニーズを
発掘する。
→消耗戦の回避
表面化したニーズ
顧客に尋ねる
潜在的なニーズ
顧客を観察する

ヒット商品のヒントは、まだ多くの人が気づいていない潜在的なニーズの中にある。

言い換えれば、表面化したニーズは海上に見える氷山だ。

潜在的なニーズは、海の中にある氷山の大きな塊であり、実際には膨大にある。徹底的に絞り込んだ少数顧客との対話で出てくる深い本音の悩みを掴めば、この潜在的なニーズを掘り起こせる。そして、潜在的なニーズに応えることで、他の顧客も「他にはない商品だ。欲しい」と考えるようになり、ヒット商品になるのだ。

デザイン思考が注目される本当の理由

最近注目されている「デザイン思考」は、潜在的なニーズを見つける方法だ。

デザイン思考とは、アップルのようなカッコイイ商品を作るためのものではない。デザイン手法を問題解決の方法論へ進化させ、イノベーションを生み出すためのものだ。

デザイン思考の出発点は、「顧客は何がどう悪いのかを、説明できない」ということだ。

そこでデザイン思考では、誰も気がついていない潜在的なニーズを発掘して、世の中にないものを生み出すことを狙う。ここでアイデアを重視する。

ただ、ウンウン考え続けるだけでは、いいアイデアは出てこない。

そこで現場に出て、顧客を実際に「観察」する。

リアルな顧客を自分自身の目と耳で見聞きし、顧客が何に困っていてどう使うか観察し、アイデアを重視して試作し、本当に役立つか確認するのだ。こうして潜在的なニーズを掘り起こし、顧客が求めていて、世の中にはない商品の開発に繋げていく。

デザイン思考で大成功したワルシャワの飲料会社

ワルシャワの飲料会社は、テレビでデザイン思考の特集を見てこう思った。

「意外と簡単だな。自分たちもできるかも……」

彼らは地元の駅で乗客にドリンクを売るヒントを探すために、観察を始めた。

現場で観察すると、一定のパターンに気づいた。

乗客の何名かが、電車到着前の数分間、一度飲料スタンドを見て、自分の腕時計を見て、その後にホームの先を見ているのである。

そこでこの会社は、時計を大きく目立たせた飲料陳列棚のプロトタイプを作成した。するど売上が急上昇した。飲料スタンドに時計があるので、乗客たちは「到着前にドリンクを買える」とわかるからだ。

このようにデザイン思考では、顧客を観察し、アイデアを出し、プロトタイプを作り、検証する。その根本にあるのは、「すべての人には創造性はある！」という考え方だ。

主婦のお皿インタビューで紹介したように、顧客がインタビューで「買います」と答えても、現実にはほとんど買わない。

必要なのは「顧客が本当にお金を出す」というリアルな事実だ。

「解決するためにはお金を出してもいい」という顧客の課題を見つけ出し、その顧客が「どうしても欲しい」という商品に仕上げることが必要なのである。彼らが買うようになれば、商品は売れ始める。

そして、彼らが買うようになったら、より多くの顧客に拡げていく。

その出発点が、顧客の観察なのである。

社員がユーザーに直接接する機会を作れ

「そうか。顧客の観察が大切なのか。では、部下に『もっと客を観察しろ』と指示しよう」

こう考えるマネージャーもいるかもしれないが、これは無責任なマネージャーだ。

そう指示しても、ほとんどの部下は今までの行動を変えないからだ。


ある中小企業は、年に1回、全社員が手分けをしてユーザーを回っている。2名1組でチームを作り、既存ユーザーがどのように商品を使っているかを半日かけて徹底的に調査する。こうして、1組当たり毎年10件のユーザーを回り、結果を全社員参加の会議で報告させてしっかり共有し、さらに議論する、という仕組みを社内に作っているのだ。こうすることで、ユーザーすら気づかない真の課題を掘り出して、次の商品開発に繋げているのである。

マネージャーの仕事は、部下が客先に出て観察し、学ぶ仕組みを作ることだ。

この仕組みから、顧客が「ぜひ買いたい」と思うような商品が生まれてくるのである。

| POINT |

少数顧客を現場で観察し、潜在的ニーズへの解決策を作ろう

第18話 売れ筋の真似では売れないが、真似でも勝てる方法もある

マーケティングの巨人が提唱した「フォロワー戦略」はもう古い？

家電量販店の掃除機売り場には、実に様々な自動お掃除ロボットがある。調べてみたら10社以上ある。しかし、日本国内では米国アイロボット社のルンバが市場シェア70％（２０１８年）を押さえ圧勝。残り30％を10社以上で分け合っている。

アイロボットは家電メーカーではない。ロボット技術が売りの会社だ。最初は米軍向けに地雷除去ロボットを開発していた。１９９０年代後半、ある会社から「空港を掃除するロボットを作れないか？」と依頼を受け、「地雷除去ロボットの技術を活かせば、家庭向けにお掃除ロボットを開発できるのでは？」と考えた。そして、２００２年に販売を始めたのがルンバだ。その後、毎年改良を重ね、先駆者として自動お掃除ロボット市

場を創ってきた。ではなぜ、ルンバの後追いで自動お掃除ロボットを作る10社が束になっても、アイロボットに敵わないのだろうか？

ルンバの後追いで商品を模倣するのも、「フォロワー戦略」という立派な戦略だ。アイロボットは、市場を押さえている「マーケット・リーダー」だ。ルンバのような世の中にない新商品を開発し、市場を創り出すリスクを取った結果である。新商品は成功するかどうかはわからない。ハイリスク・ハイリターンの世界だが、このリスクは、新市場を立ち上げてマーケット・リーダーとなり、市場のトップシェアを獲得することで報われる。

マーケット・リーダーを後追いで模倣するのが「フォロワー」だ。フォロワーが取る戦略を「フォロワー戦略」という。フォロワーは市場を創り出すリスクは負わずに済む。だから、フォロワーとして売れ筋を模倣する企業はとても多い。ルンバが作った自動お掃除ロボット市場に参入する10社は、このフォロワー戦略を取っている。

「マーケティング界の巨人」と称される経営学者セオドア・レビットは「フォロワー戦略は製品のイノベーション戦略と同じくらい利益を生む可能性がある」と論文で述べた。しかし、リスクが低く見えるフォロワー戦略にも、リスクはある。ライバルがひしめく市場に参入するので激しい競争は避けられない。そして、マーケット・リーダーは超えられない。

レビットがこの論文を書いたのは1966年。50年以上前だ。現代ではフォロワー戦略のリスクはさらに拡大している。

商品の賞味期限が短くなっているからだ。

中小企業研究所が2004年に、ヒット商品の寿命を調査したレポートがある。1970年代は半分以上の商品の寿命が5年以上だった。2000年代初頭には、半分以上が2年以下になっている。そこから15年が経過した現代では、さらに短いはずだ。

「製品ライフサイクル」は50年で1／5の短さになった

なぜヒット商品の賞味期限が短くなると、フォロワー戦略のリスクが増えるのか？

ここで押さえておきたいのが、製品ライフサイクルという考え方だ。新商品が生まれると、次のサイクルを経て市場に浸透していく。

導入期…製品が市場に導入されてゆっくり成長していく。利益はなく赤字だ

製品ライフサイクル

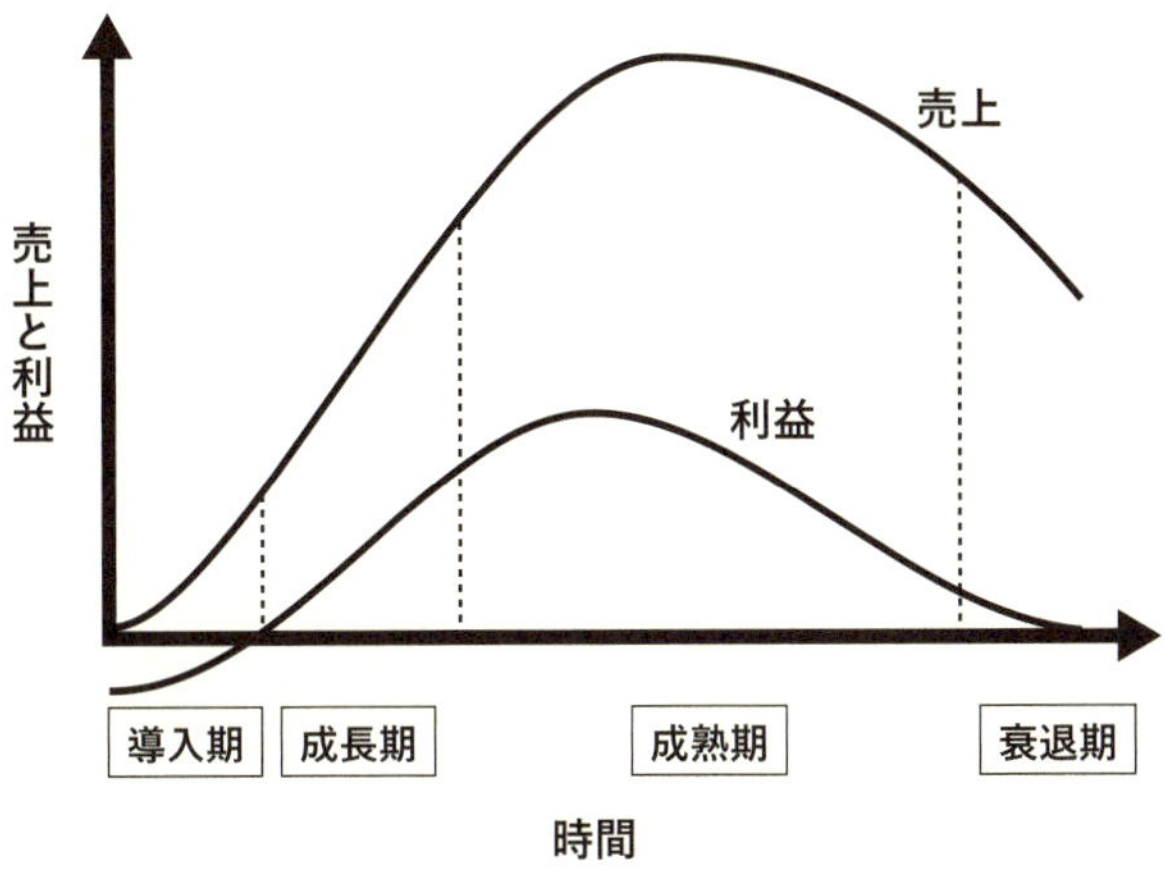

成長期…製品が市場に受け入れられ、急成長が始まり、利益が拡大する

成熟期…多くの買い手に受け入れられ、成長は一段落。競争が激しくなる

衰退期…売上も利益も下がり始める

現代では、この製品ライフサイクルが短くなっているのだ。

大ざっぱに言うと、1970年代までは、商品が成長期から成熟期になるまで5年かかっていた。ヒット商品の模倣に1～2年かけても、成長期に商品を投入できた。そして、販売力がある会社は、模倣した商品を強大な販売網を活かして売った。フォロワー戦略は有効だったのだ。

いまは、成長期から成熟期までの時間はずっと短くなっている。場合によっては1年程度だ。

昔と同じペースで模倣商品を開発していると、商品投入のタイミングは、競争が激しい成熟期や市場が縮む衰退期になる。ビジネス的なうま味がない。

だから、いまは短い時間で模倣しなければならないが、短時間でヒット商品を模倣するのは難しい。やっと追いついても、相手はさらに先に行っている。実際にルンバも毎年性能を向上させ続けて、ライバルを常に先行している。

フルマラソンで1時間早くスタートして走り続ける相手を必死に追いかけるようなものだ。

現代においては、フォロワー戦略成功の可能性は低いのだ。

頑張って追いついたとしても、安心できない。

市場を立ち上げて成功した商品は、市場を代表するブランドになっている。

顧客が「お掃除ロボットを買おう」と思った時、まず「ルンバかな？」と考える。

宅配便サービスは、世の中では「宅急便」とも呼ばれている。「宅急便」はヤマト運輸の登録商標だ。ヤマト運輸は宅配便サービス市場を切り拓いた。「宅急便」は宅配便サービスの代名詞である。「何か配送したい」と思った顧客は、真っ先に「クロネコヤマトの宅急便」を思い浮かべる。

フォロワー戦略では、市場を代表するブランドを超えられない。

ネット系サービスになるとさらに激しい。先行者が圧倒的に有利だ。

ヤフージャパンが「ヤフーオークション（ヤフオク！）」を始めた時のこと。世界最大手のオークションサービスeBayは、ヤフオク！の5カ月遅れで日本市場に参入した。

この5カ月の遅れが致命的だった。

eBayはヤフオク！に対抗できず、間もなく日本から撤退した。

オークションサービスでは、出品者や落札者が多いサービスが圧倒的に有利だ。

すでにヤフーが多くのユーザーを抱えている時に、eBayはユーザー数ゼロからのスタート。この時点でオークションをしたい人はヤフオク！を選ぶ。世界の覇者eBayでも5カ月の遅れは挽回できなかった。

しかしそのヤフオク！も、スマホが急速に普及した時に一気に拡大したメルカリに後《おく》れを取った。いまやＣtoＣ取引（個人間取引）のプラットフォームといえばメルカリだ。

グーグルはフォロワー戦略で成功した

このように現代では、フォロワー戦略が成功する可能性は小さくなっている。

しかしフォロワー戦略が有効な場合もある。先行商品がつまずいている場合だ。

ネット検索で初めて世界で話題になったのは、グーグルではない。アルタビスタというサービスだ。アルタビスタが登場した１９９５年当時、私はアルタビスタを使ってみて「すごい！　世の中のホームページを簡単に探せるんだ！」と驚いたことをよく覚えている。

スタンフォード大学の博士課程にいたセルゲイ・ブリンとラリー・ペイジがグーグルの原型を開発したのは、翌年の１９９６年。グーグル創業は１９９８年。

変化のスピードが速いネットの世界で、グーグルはなんと13番目の後発だった。

では、なぜ後発なのにグーグルは大成功し、アルタビスタは負けたのか？

アルタビスタはＤＥＣというコンピューターメーカーが開発したサーバーの性能をデモすることが目的で作られたサービスだった。ＤＥＣはアルタビスタへ充分な投資をしていなかった。たとえば、アルタビスタが登場した当初は、検索して一発で探しているページが見つけられた。しかし、半年後には関係ないページばかり表示されるようになり、検索精度は実用に耐えられないほど悪化した。

グーグルは、ネット検索専業ベンチャーとして技術を磨き続け、検索精度を上げ続けてユーザーの利便性を向上させ、後発ながら技術力でライバルを次々と追い抜き、ついにネット検索で最大手に躍り出たのである。

もう一つ紹介しよう。

携帯音楽プレイヤーで先行したのは、1979年に発売されたソニーのウォークマンだ。2001年に登場したアップルのiPodははるかに後発だ。

一方で、当時ネット経由でのデジタル音楽が出始めていた。ネット上で違法に音楽を配信するベンチャーも生まれていた。

そこでアップルは、音楽会社と話し合い、iPodのためにiTunesというサービスを用意し、著作権を管理して音楽をネット配信できるようにした。自社で音楽会社を持つソニーは、従来型の音楽著作権のしがらみから抜けられず、iTunesのような仕組みを作れなかった。

ソニーがデジタル音楽配信の仕組みを作れないジレンマを抱えて停滞している間隙《かんげき》を縫って、アップルはデジタル音楽の覇者になった。

アルタビスタやソニーのように、先行相手が停滞していたり、まったく新しい変化が生まれていたりする場合は、フォロワー戦略でも成功できる。たとえフルマラソンで相手が1時間早くスタートしても、歩いていたり休んでいたら、追い抜けるということだ。

| POINT |

ヒット商品を真似したいなら必ず追い抜くこと

第19話

目新しさで、売ってはいけない

死屍累々《ししるいるい》？の透明飲料

2018年、透明飲料ブームが日本列島を駆け巡ったのはまだ記憶に新しい。褐色のコーラ、琥珀色のビール、さらにはコーヒーや紅茶までも透明にした新商品が次々と新発売された。色つきが当たり前だった飲料が透明になるのは実に目新しく、インパクトも強かった。メディア各社も「透明飲料ブーム到来！」と大きな特集を組んだ。

しかし、1年が経過した2019年現在、透明飲料はあまり見かけなくなった。

私は透明飲料ブームの最中に、ものは試しと「コカ・コーラ クリア」を飲んでみた。かすかにレモンの風味がするが、味はコーラそのもの。私は「コーラ」という単語を聞くだけで、即座にあのカラメル色と、少し鼻にツンとくる独特な味を連想してしまう。「透明なのに、コーラの味」というギャップ感は新鮮だった。カラメルを使わず製造して、透明にしたという。コーラという名前がついてはいるが、まるで別の商品だ。

さらに透明なノンアルコールビアも飲んでみた。

こちらもまさにビアテイスト。ビールの香りもする。レモンの風味もあって、炭酸水に近い印象だ。麦芽の使用量を減らし、香料を工夫したという。これも、ノンアルコールビアというより別の飲み物だ。

さらに透明なお茶や透明なラテまである。

なんと透明な醬油もある。

色つきが当たり前だった飲料が透明化するのは、確かに強いインパクトだ。

恐らく様々な最新技術を投入し、商品開発にお金もかけて商品化したのだろう。

しかし、様々な透明飲料を飲んだ末に、私はこう結論づけた。

「でも、もう飲まないだろうなぁ」

透明飲料はビジネスとしてどうだったのだろうか？

日本経済新聞が透明飲料の新発売後の売上推移を調査している。調査対象のスーパー46

0店舗で、来店1000人当たりの購入金額は、次のように推移したという。

「コカ・コーラ クリア」の場合

・6月11日週（発売）　1294円（通常のコーラの2倍）
・6月18日週　半額以下
・7月の週　1／6に

「アサヒ クリアラテ from おいしい水」の場合

・5月7日週（発売）　428円
・以降、7月2日の週まで8週連続で下落。50円に

新発売直後は目新しさで注目され顧客が買うものの、リピーターは定着せず、目新しさも消えて急速に人気が下がっていることがわかる。

必要なのは、目新しさで話題になることではない。

消費者に受け入れられて、売れ続けることだ。

そのために大切なのは、リピーターの定着だ。

リピーターが生まれなければ、新商品はいつの間にか消え去ってしまう。

色つきが当たり前だった飲料が透明になるのは、確かに目新しい。インパクトも強い。

しかしそれだけだ。目新しいだけでは売れないのだ。

飲み物の色もブランド価値の一部

そもそもブランドとは、顧客に対する約束だ。

透明飲料を飲んで改めて実感したのは、「色」も重要なブランドの一部だということだ。

ブランドとは、単なる「マーク」や「デザイン」だけではない。

消費者の様々な体験の集合体が、ブランドを創り出している。商品のパッケージ、形、触感、シズル感、味、匂い。それらに加えて色も、ブランドの大事な一部なのである。

私たちはコーラを飲む時、あのカラメル色を見ながら、ちょっと鼻にツンとくるコーラ独特の味を味わうことで、「ああ、いまコーラを飲んでいるんだな」と実感するのだ。

コカ・コーラは１９８５年、新しい「ニューコーク」を発売した。

当時、ライバルのペプシがシェア争いで追い上げていた。「ペプシ・チャレンジ」というキャンペーンで消費者に目隠し味覚テストを行い、「ペプシのほうが美味しい」とアピールした。危機感を持ったコカ・コーラは、「新しい味のコーラを発売すべきだ」と考え、20万人に味覚テストを行い、従来のコーラを一新した「ニューコーク」を発売した。

しかし、飲み慣れたコーラの味を奪われたファンからは抗議が殺到。不買運動まで起きてしまった。やむなく以前のコーラを「コカ・コーラ クラシック」として復活させると、消費者は熱狂して歓迎。なんと売上は以前よりも伸びた。

皮肉なことにニューコークの失敗は、コカ・コーラのブランド価値を消費者に再認識させて、消費者の愛着を強化する結果となった。「ニューコークの失敗は、コカ・コーラが周到に仕組んだものではないか？」という陰謀説まで出てきたほどである。

あのコカ・コーラの味は、ブランドのとても大切な一部だったのである。

同様にカラメル色のコーラの色も、コカ・コーラのブランドの大切な一部なのだ。

コーラだけではない。私たちはビールを飲む時、あの琥珀色を見ながら麦芽の香りとほろ苦い味を感じて味わうことで「ビールを飲んでいる」と実感する。

紅茶もラテも同じだ。

透明飲料を飲んで改めて感じたのは、あのカラメル色も琥珀色も、白濁したラテも紅茶色も、ブランド体験の重要な一部だった、ということだ。これらが透明になると、違和感を抱いてしまうのだ。

想像してみてほしい。

目の前に小さな四角い透明な物体が10個ほど浮いている透明な液体が出されている。

「新開発の透明なお味噌汁です」

確かに味や香りは味噌汁そのもの。四角い透明な物体は豆腐そのものの味。

あなたはこの味噌汁を味わえるだろうか？

「ちょっと違うかも」「それは味噌汁じゃない」と感じる人が多いのではないだろうか。

味や香りは味噌汁そのものでも、透明になった瞬間、味噌汁とは違うなにか別のものになる。あの味噌の色も含めて、私たちはあの美味しい「味噌汁」を味わうのである。

一方で、透明飲料で昔からの定番商品もある。

スプライトや三ツ矢サイダーは、昔から定番の透明飲料だ。多くの人は「スプライトは、この味」「三ツ矢サイダーなら、あの味」とすぐに思い出せるだろう。

スプライトも三ツ矢サイダーも、透明色とあの味がブランドを形作っているのである。

どんな顧客体験を提供するかを考えよ

2018年の透明飲料ブームのきっかけは、2015年に発売されたサントリーの「ヨーグリーナ&サントリー天然水」だといわれている。

私はヨーグリーナ発売当初、ミネラルウォーターの「天然水」と勘違いして買ったことがある。ミネラルウォーターだと思って飲んだら乳酸飲料の味。とても驚いたことをよく覚えている。その味は今も思い出せる。記憶に残っているのだ。

乳製品らしいコクと甘酸っぱさのある飲料は、ペットボトルではカルピスしかない。代替品は少ない。ヨーグリーナは定番ブランドに育っていった。

ちなみに、サントリーは1990年代にも同じ「ヨーグリーナ」という名前で、別の商品を発売していた。透明飲料「ヨーグリーナ」は再チャレンジである。このあたりは「やってみなはれ」というチャレンジ精神の旺盛なサントリーらしい。

透明飲料以外にも、目新しさで売り出したものの、いつの間にか消えた商品は多い。

たとえば一時期、家電売り場で大きな売り場スペースを占めていた3Dテレビ。

「ゴーグルをかけると画面が飛び出て映る」というのが売りだった。

しかし、顧客はゴーグルをかけてまで3D映像を楽しもうとは考えなかった。

ディスプレイサーチ社の調査によると、3Dテレビは2012年には4145万台まで成長したが、その後は下降に転じ、2017年にはすべてのメーカーが撤退した。3Dテレビも、顧客不在のままメーカー主導で目新しさをアピールして、失敗したのだ。

さて、コカ・コーラ クリアが失敗した日本コカ・コーラは、2019年6月に新商品「コカ・コーラ クリアライム」を発売した。透明だけでなくあえてライム味にしたのである。さすがコカ・コーラ、転んでもただでは起きない。成功を祈りたい。

いずれにしても、目新しさだけで買う顧客は、すぐ飽きる。そして誰も買わなくなる。目先の新しさを追わずに、飽きない顧客体験を創り出すことが必要なのだ。

| POINT |

目先を変えただけの
目新しさでなく、
まったく新しい顧客体験を創り出せ

第20話 常識外れの商品が、売れる理由

ロボット接客で大人気の「変なホテル」

ホテルをチェックアウトしようとしたら、フロントに大行列ができていた。10分ほど待ってやっと順番が来た。ルームキーとクレジットカードを渡すと、スタッフは「永井様ですね」と確認した後、忙しそうにパソコンを打ったり、書類を確認したりしている。時間にして5分間。チェックアウトで合計15分である。

「ホテルのサービスは、人が真心込めて丁寧に」というのは、常識だ。

しかし、本当にその常識が正しいのかというと、疑問を感じることも多い。

これに比べて、エイチ・アイ・エスが展開する「変なホテル」は常識外れだ。チェックインからチェックアウトまで、人間のスタッフにはほとんど会わない。

受付では恐竜や女性型ロボットが宿泊客を出迎える。ルームサービスや掃除など、ありとあらゆるサービスをロボットで自動化している。ちなみに、変なホテルは、2015年に「初めてロボットがスタッフとして働いたホテル」としてギネス認定された。

「ホテルだから、やはり人がおもてなしをしなければダメでしょう」

常識に囚われていると、こう思いがちだ。

変なホテルが目指すのは、究極の生産性向上と収益性である。エイチ・アイ・エスは2015年から2年間、ハウステンボスで変なホテルをパイロット営業した。結果は、

・開業当初…スタッフ30名で72室を運営(一人当たり2・4室)
・2年後…7名で144室運営(一人当たり20・6室)

なんと、8倍もの生産性向上である。

客室稼働率は9割。運営利益率は、通常のホテルは30%だが、倍近くになった。

2018年10月の決算で、エイチ・アイ・エスのホテル事業の総売上は120億円。営業

利益は21億円。今後は台湾・タイ・ベトナムなどの海外や他業態のホテルも含めて100店舗の展開を目指すという。

少子高齢化で働き手は減っていくので、人手不足は将来も解消しない。ならば、機械にできることは機械に任せたほうが、宿泊客を待たせず宿泊客のストレスも減る。ホテルスタッフは人間しかできないことに集中できる。

一見常識外れの変なホテルは、常識に囚われずロジカルに考え抜いて生まれたのだ。

そして、3・5星クラスの利便性が高いサービスを徹底無人化により提供し、結果として高収益を実現している。

これまでのホテルの常識は、「品質が高いサービスを提供するには、人のおもてなしが必要」ということだった。しかしこれをゼロから抜本的に見直して、ホテルを再定義しているのが「変なホテル」である。ちなみに、「変なホテル」の「変」には「変わり続ける」という意志が込められているという。

「常識」とは、過去にうまくいくことが証明された成功パターンだ。

一見すると、常識を守ることは、合理的に思える。しかし過去の成功パターンは、同じ方法でやっているライバルも多い。リスクは低く見えるが、過当競争に陥る。

さらに世の中も顧客も、常に変わり続けている。「成功パターン」と思っていた常識が、いつの間にか「失敗パターン」に変わっていることも多い。むしろ、あえて自分で常識を破り、新しい常識を創ることで、ヒット商品が生まれてくる。

タブーからヒットを生み出した「トリダス」

常識を破ってヒット商品になった事例は、枚挙にいとまがない。そのヒントは、現場にある。

食品用機械メーカー・前川製作所の社員が鶏肉加工工場に商品を納めに行くと、手作業で鶏モモ肉の骨を外していた。加工業者は「この業界は、昔から手で骨を取り出すのが常識。それ以外の方法があると考えること自体、馬鹿げている」と思い込んでいた。

「非効率だ」と思った前川製作所の社員は、自動で脱骨する機械の開発に取り組んだ。

出来上がった機械を見せられた加工業者は、「欲しかったのはコレだよ！」。

自動で脱骨するという潜在的なニーズはあったが、顧客の加工業者は常識に囚われていて、見えていなかったのだ。こうして開発した商品は「トリダス」と名付けられ、ヒット商品になった。

ライバル不在の「非常識エリア」を狙え

男性向け化粧品メーカーのマンダムは、今から十数年前、女性向け化粧品に進出を図っていた。その突破口も、常識を疑うことだった。

女性にとって毎晩のメイク落としはとても手間がかかる。洗顔料で顔をこすって水で洗い流す。この苦行は男性にはなかなかわからない。しかし、「化粧落としは時間をかけて丁寧に」が当時の化粧品業界の常識だった。マンダムはこの常識に挑戦した。

2006年、マンダムはコットンに液体を染み込ませて化粧を拭き取るだけのメイク落とし「ビフェスタ」を発売した。

キャッチコピーは「疲れてすぐ寝たい」。

多忙な女性から支持され、他社からも手軽にメイクを落とす商品が発売されるようになった。顧客である女性たちにとって「メイク落としに手間をかけたくない」は常識だったが、化粧品会社は「化粧は手間をかけて丁寧に」と言い続けてきた。「ケアが面倒」と言い切るのはタブーであり、非常識だったのだ。

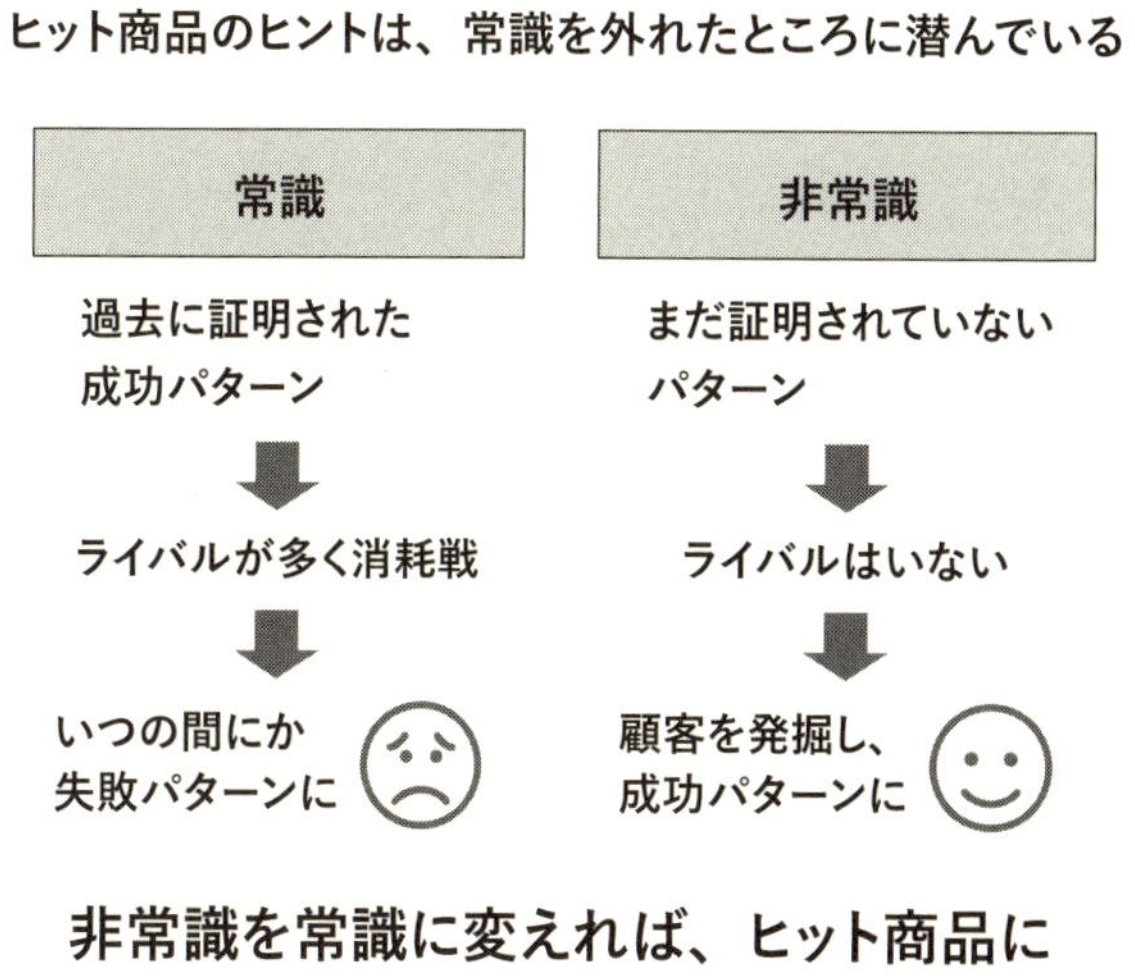
ヒット商品のヒントは、常識を外れたところに潜んでいる
常識
過去に証明された
成功パターン
ライバルが多く消耗戦
いつの間にか
失敗パターンに
非常識
まだ証明されていない
パターン
ライバルはいない
顧客を発掘し、
成功パターンに
非常識を常識に変えれば、ヒット商品に

マンダムはこの常識に挑戦し、ヒット商品を生み出したのである。

確かに、常識を理解することも大切だ。

しかし、常識に違和感を覚えたら、それは大きなチャンスだ。

「この常識は間違いでは」と感じた直感を、ロジカルに考え抜いた先にチャンスがある。

タブーや非常識を常識に変えることで、ヒット商品は生まれるのだ。

一方で、常識を破ることはリスクもあるし、失敗も多い。だから、たくさん試し、ダメならすぐ見切ることが必要だ。これについては、本書の「長めのあとがき」で考えてみたい。

| POINT |

ヒット商品のヒントは常識から外れたところに潜んでいる

第6章

売れる価格で、売ってはいけない

第21話

「売れる価格」よりも「売る価格」

温泉旅館に激安で泊まれるカラクリ

「温泉旅館に激安で泊まるのはカンタンだ」と豪語する友人がいる。

まず、温泉旅館が数軒ある少し寂れた温泉郷を探す。

寂れた温泉旅館でも、温泉の質は意外といいところも多いという。

そして、温泉旅館にいくつか目星を付けておき、平日に予約せずにその温泉郷に車で行って、駐車場から目星を付けた温泉旅館に電話をかける。

「いま到着したんですけど、一番安い温泉旅館を探しています。いくらで泊まれますか？」

そして、一番安い価格の旅館に泊まる。交渉次第で驚くほど安く泊まれるという。

国内温泉旅館の数は、バブルの頃よりも増えていて過当競争だ。同じ温泉郷内で、

「隣の旅館に団体客が入った。ウチも負けられない」

と価格競争をする旅館も多いのだ。

宿が見つからないリスクを考えると、私は予約せずに行くのはかなり怖いのだが、彼はあえてそのリスクを取って安く泊まっているのである。

旅館やホテルは、空き室を減らそうとして常に努力している。

空き部屋は売上ゼロ。

たとえ宿泊費1000円でも、宿泊客がいればその日の売上は1000円増える。

恐らく友人を受け入れている温泉旅館は、こう考えている。

「売れる価格で売らなければ。売上が立たないと話にならない」

かくして、稼働率を上げるために、空き部屋があると直前に大安売りをする旅館やホテルが出てくる。この仕組みがわかっている友人はいつも温泉旅館に激安で泊まれるのだ。

確かに旅館にとっては、その日の売上は少し増える。

しかし長期的に見ると、価格目当ての顧客しか集まらなくなる。

価格は下がり、売上と利益も下がり、コストの切り詰めでサービスは低下する。

かつて「国賓ホテル」ともいわれた100年の歴史を持つ、あるホテルもそうだ。大人の宿泊客が多くゆったり過ごせるので、私たち家族は特別な日に泊まっていた。しかし、ある時期から宿泊料金を大幅に値下げするようになり、若者や新興国からの宿泊客で混雑するようになった。少ないスタッフで忙しそうにしていてサービスは低下し、大人の宿泊客は消えた。現在ホテルは改修中。かつてのサービスを取り戻してほしいものだ。

「売りたい価格」で売る星野リゾートの戦略

「売れる価格で売らなければ」と値下げすると、価格目当ての顧客が集まるようになる。しかし、そんな価格目当ての客は、友人のように、もっと安い旅館があるとそちらを選ぶ。

一方で、サービスの良さでホテルが気に入っていた優良顧客は、価格が下がりサービスが低下して雰囲気が悪くなると、何も言わずに静かに去っていく。

旅館やホテルに限った話ではない。

週末特売目当ての客で混雑しているスーパーは、特売しない日は閑散としている。週末特売をして、安値目当ての客だけを集めた結果である。

必要なのは「売れる価格」で売ることではない。

自分が「売りたい価格」「売る価格」で売ることである。

では、どうすればいいのか？


星野リゾートは、2019年にBEB5 軽井沢というホテルを開業した。

BEB5 軽井沢は一部屋の定員が2〜3名。若い世代をターゲットにして「ルーズさ」をコンセプトに、グループでおしゃべりしながらゆったり過ごすことを狙っている。

「若者が旅行をしなくなった」といわれている。そこで、星野リゾートの星野佳路代表は、この需要を掘り起こそうと考えたのだ。

BEB5の価格は、35歳以下は素泊まり1室料金1万6000円の固定性だ。一人当たり5000〜8000円。若者にとっては居酒屋で一晩中飲んでいる値ごろ感だ。

ホテルの料金は、季節により変わるのが常識だ。観光地のホテルはゴールデンウィークやお盆休みには高くなるし、閑散期には安くなる。BEB5の固定料金は常識外れだ。

そもそもホテルが価格を変動させるのは、需要が変動するからだ。

しかし、ブランドの信頼は「この品質＝この価格」という関係があることで生まれる。ならば、集客力を高めて常に需要があるようにすれば、価格を変える必要がなくなる、と星野さんは考えたのだ。

たとえば、箱根にある高級旅館「強羅花壇《ごうらかだん》」は、どんな時期でも宿泊費は変わらない。私も特別な日にたまに泊まることがある。部屋には源泉掛け流し温泉風呂。部屋で出される食事も美味しく、仲居さんのサービスも至れり尽くせりである。だから、強羅花壇は高い宿泊料金でもいつも満室だ。強力な集客力があるからだ。

星野さんはＢＥＢ５で、１泊１万６０００円定額というわかりやすい価格が、どれだけ若い世代の旅行需要を押し上げるかを試そうとしているのである。

低価格で売るなら「やめること」を決める――ブルーオーシャン戦略

もし低価格で売るのであれば、単に値下げするのではなく、コスト構造を見直し、価格を下げても利益が出るようにすることが必要だ。

２００８年にオランダ・アムステルダムで開業したホテル「シチズンＭ」は、最高級５つ星レベルのサービスを、３つ星レベルの料金で提供している。

しかし客室は広くない。高級ホテルにありがちなドアマン、ベルボーイ、コンシェルジュ、フロントは一切ない。レストランもない。その代わりベッドは特大。リネンは最高級。立地も交通至便なところにある。チェックインは自動のセルフサービス。受付には「アンバサダー」と呼ばれる、仕事熱心で一人何役もこなすスタッフが常駐している。

このホテルは一般宿泊客ではなく、パソコンやスマホを持ち歩いて仕事をする旅慣れた人たちをターゲットにしている。シチズンMの創業者はこう言っている。

「レッドオーシャンとは、ホテル業界のためにあるような言葉だ。5つ星も、3つ星も、1つ星も、同じサービスを武器に競争している。サービスレベルが違うだけだ」

レッドオーシャンとは、サメ同士で獲物を食い合い真っ赤な血で染まる海のように、競合と激しく戦う市場のことだ。一方で競合がいない市場をブルーオーシャンという。このブルーオーシャンを開拓する戦略が「ブルーオーシャン戦略」だ。

シチズンMはブルーオーシャン戦略により、ホテル業界のブルーオーシャンを開拓したのである。

創業者は初代iPhoneが発表された2007年、当時「モバイルシチズン」と呼ばれていたパソコンを持ち歩く人たちが増えていることに注目した。

彼らは、5つ星ホテルか3つ星ホテルに泊まることが多かった。彼らが何を基準にホテルを選ぶのか、話を徹底的に聞いてわかったことがあった。

5つ星ホテルに泊まる人たちは、立地条件の良さ、上質なベッドやシーツ、静かさ、よいシャワーが理由だった。一方で、5つ星には必ずいるドアマンやベルボーイは不要。ネット検索で付近のことを調べるので、コンシェルジュも不要。外食するので、レストランも不要。高くて待たされるルームサービスも不要。手間がかかるフロントのチェックインは不満だった。部屋で過ごす時間は短いので、部屋の広さは気にしなかった。

他方、3つ星ホテルに泊まる人たちは、リーズナブルな料金が選んだ理由だった。5つ星ホテルはサービスが堅苦しいことが不満だった。

彼らモバイルシチズンは、5つ星では「常識」のベルボーイ・コンシェルジュ・フロントがなくてもまったく気にしない。部屋の広さも関係ない。

これらを省けば、コストが下がる。代わりに睡眠環境を充実させ、自動チェックインの仕組みを導入すれば満足度が上がる。顧客満足度を高めながら、低コストを実現できるというわけだ。

ブルーオーシャン戦略では、顧客が商品・サービスを選ぶ基準(「顧客視点の競争要因」)

シチズンMはモバイルシチズンに特化し、
高いレベルのサービスと、低コスト化を両立した

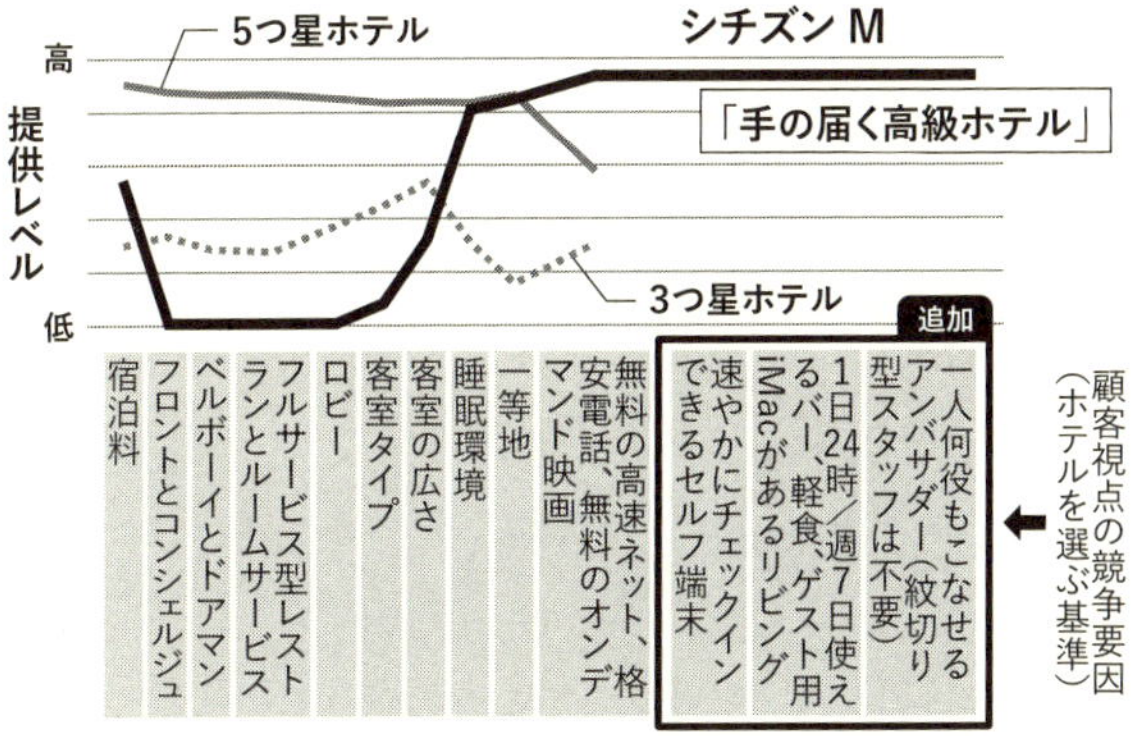

（『ブルー・オーシャン・シフト』〈W・チャン・キム&レネ・モボルニュ著、ダイヤモンド社〉より引用）

を洗い出し、その他大勢のライバルと比較して、「やめること」「減らすこと」を明確にし、「加えること」「増やすこと」を考え、ライバルとはまったく異なる価値を提供することを目指す。

上図のように、今までは3つ星ホテルも5つ星ホテルもサービスレベルが違うだけで、似たようなサービスを提供していた。そこで、シチズンMはモバイルシチズンに絞り込み、まったく違う価値を提供することで、高いレベルのサービスと低コスト化を両立させたのである。

オランダで開業したシチズンMはその後、世界に進出。観光業界のゲストランキングで5つ星ホテルと同等の最高評価だ。さらに、1部屋当たりのコストは4つ星よりも40％減、人件費

は業界平均の50％減。面積当たりの収益率は、快適な高級ホテルの2倍だという。

モバイルMはターゲットの顧客を明確に決めて、コスト構造を徹底的に変えた結果、価格を下げても高収益を実現しているのである。

「この価格だと売れるから」と考えるのは、受け身の考え方だ。ジリ貧になる。

まず「この価格で売りたい」と考え、その方法を考え抜くことが必要なのである。

| POINT |

価格は戦略とセットで考えろ

第22話

低価格戦略は、高価格戦略よりもはるかに難しい

「安さ」で売ってはいけない意外な理由

ある広告代理店に勤める会社員の話である。

会社員を続けながら、西麻布に居酒屋を開業した。しかし店は赤字続きである。

会社の給料をつぎ込むが、毎月200~300万円の赤字が続き、貯金も底を突いた。忘年会シーズンも大赤字。ついにサラ金に500万円を借りることに。家賃も払えない。

完全に退路を断たれると、冷静に状況を見ることができた。

店は豊富なメニューで1品500円以下。しかし安くするため味を妥協し、自分でも頼みたいと思わないメニューだった。廃棄食材も多い。儲からないのは当たり前だ。

「美味い料理で1000円のほうがいい」

年が明けて路線を変えると客足が戻ってきた。かき入れ時の12月は売上400万円だった

が、1月は500万円。毎月売上は伸び、翌12月には1000万円。サラ金の借金は返済した。その後、彼は独立し、高級飲み屋を次々とオープンしていった。

「低価格戦略」と「高価格戦略」のどちらを選ぶか、悩む人は多い。

迷うのであれば、選ぶべきは「高価格戦略」である。

世界的な価格戦略の第一人者であるハーマン・サイモンは、著書でこう言っている。

「低価格と大量販売で成功できるのは、ほとんどの業界で1~2社に限られている」

サイモンは著書で、様々な業界で調査すると、高価格戦略で成功した企業のほうが、低価格戦略で成功し続けている企業よりも多いという結果も紹介している。

低価格戦略で成功し続けることは、とても難しいのだ。まず、ライバルより低コストにする必要がある。ある程度の品質も両立させなければいけない。この段階で工夫がいる。

先ほどの居酒屋は、中途半端な低価格戦略に早々に見切りをつけ、高価格戦略に切り替えて成功したのである。

「鳥貴族」と「QBハウス」激安店の明暗を分けたのは……

低価格戦略で成功したとしても安心はできない。

低価格戦略で成功し続けるのは、さらに難しいのだ。

たとえば、居酒屋「鳥貴族」。全品280円というわかりやすい低価格で成長した。

2017年10月に、28年ぶりに価格改定し、全品6％値上げで298円とした。

たった6％の値上げだったが、既存店の売上高・客数ともに前年比で減り続けている。

低価格戦略で成功し続けてきた鳥貴族は、酒税引き上げや原材料価格の上昇への対応、さらに従業員の待遇改善も急務だったので、値上げせざるを得なかった。しかし一方で、店舗数を急拡大したために自社店舗同士で競合が起こり、さらに、スタッフ育成が間に合わないという大きな問題も抱えていた。このタイミングに、運悪く値上げによる客離れも加わり、低迷に苦しんでいる。本書を執筆している2019年8月時点で、鳥貴族は298円の新価格を軌道に乗せるべく、サービス向上を図っている。

一方で、低価格戦略を取っているものの、値上げしても客が離れなかったケースもある。

2019年2月、ヘアカット専門店・QBハウスは、1080円から1200円へ11％も値上げした。値上げ後の既存店売上は、値上げした2月は＋9・6％。翌月3月は＋9・9

%。ほぼ値上げ分だけ売上が増えている。

客離れは6%の予想だったが、2%に留まった（以上、QBネットIR情報より）。

では、鳥貴族が6%値上げで客離れして、QBハウスが11%値上げで客離れがない理由は何か？

QBハウスに行く顧客は、低価格だけでなく「10分でカットできる」という点にも価値を感じている。そして業界の散髪料金が3000円のなか、大手理髪チェーンではQBハウス以外にこの価格帯の理髪店はない。

だから11%も値上げしても、意外と客離れが少なかったのである。

鳥貴族は、低価格焼き鳥店が数多くあり、競争が激しい状況下での値上げだった。加えて自社店舗同士の競合や、スタッフのスキルの低下も重なった。だから客が離れたのである。

これらの低価格戦略を取る企業から学べることは、低価格戦略を継続する難しさだ。

低価格戦略を打ち出しても、コスト増などの様々な要因で、いずれ価格をアップせざるを得なくなる可能性は高い。QBハウスは、他に大きな競合がいなかったために、値上げしても客離れは少なかった。しかし、長い期間で見ると、業界の競争は激しくなっていくだろう。

鳥貴族は当初、全品250円だった。1989年の消費税導入の時に280円に値上げした。この時は客離れが少なかったという。競合する低価格焼き鳥店がほとんどなかったからだ。しかし、2017年は競合が激しくなっていた。

市場の競争が激しいタイミングで値上げをすると、顧客は一気に離れてしまうのだ。

高価格戦略は「打ち手」の選択肢を増やす

高価格戦略は違う。「顧客が買う理由」は、価格以外にも数多くあるからだ。

ある部品メーカーは、他社と同じ部品を作っているにもかかわらず、「即日納期」を売りにすることで、他社の数倍の価格でも短納期を求めるメーカーの注文が殺到している。

DG TAKANOという町工場が開発した節水ノズル「バブル90」は、蛇口に取り付けると最大95％を節水して洗浄ができる。ある居酒屋が店の蛇口に付けたところ、1カ月17万円だった水道料金が6万円台にまで下がった。店の水道料金を見た大家さんが「売上が激減しているのでは」と心配したほどだったという。

価格は数万円だが、２０１８年の販売数は４万個。高くても短期間でコスト回収できるので、皿洗いで水を大量に使用する飲食店を中心に売れているのだ。

さらにＤＧ ＴＡＫＡＮＯは、独自の新規事業開発のノウハウを活かし、課題解決型のコンサルティングも提供するなど、事業を拡げている。

このように高価格戦略を選べば、価格に囚われずに、様々な打ち手が可能になる。

しかし低価格戦略を選ぶと、あらゆる打ち手は「低価格」という前提条件で制約されてしまう。

「高く売る」という高価格戦略は、一見すると難しそうに見える。

しかし実際には、低価格戦略で成功し続けるほうが、はるかに難しいのである。

| POINT |

高価格戦略か？
低価格戦略か？
迷ったら選ぶべきは、高価格戦略

第23話

売ると失敗するサブスクリプションモデル

流行りに乗って「サブスク」を売って大失敗

いま、サブスクリプションモデル（サブスク）が大流行りだ。

サブスクとは、毎月定額制で料金を取るビジネスモデルのことだ。

身近なところでは、雑誌や新聞の定期購読もサブスクの仲間だ。定期購読のことを英語で「サブスクリプション（subscription）」という。電気・水道・ガス・電話もサブスクだ。私たちの身近にあるサービスなのだ。

このサブスクがいま、様々な分野に拡がっている。

２０１９年にトヨタはサブスク「ＫＩＮＴＯ」を始めた。高級車レクサスであれば、月額約20万円で3年間に6種類のレクサスブランド車を乗り換えることができる。プリウスの場合は月額約5万円。車両代・登録時諸費用、税金・任意保険・自動車税が含まれる。消費者がモノを所有することにこだわらなくなった。

いまや、買取りが常識だったモノにまで、サブスクが拡がっているのだ。

このサブスクが大きな注目を浴びているのは、ビジネスとして魅力的だからだ。まず売上が安定する。解約しない限り顧客はお金を払い続ける。売上が安定すればビジネスのリスクも減る。売り切りよりも価格が下がるので、新規顧客にアプローチしやすくなる。だから、「ウチもサブスクをやれば売れる」とサブスクを始める会社が増えている。

しかし、サブスクをすれば成功するほど、世の中は甘くない。

2013年、「Tokyo Shave Club」は男性用カミソリの定期購入サービスを始めた。月額600円で4枚刃が3枚届く。しかし、新規顧客が増えずユーザー数は低迷。2018年5月、サービスを終了した。

これは、米国で大きく成功したビジネスモデルを日本に輸入したものだった。ちなみに米国では、4年間で会員数300万人・売上200億円というビジネスに育っている。

米国では、カミソリは店頭で鍵付きケースに入っており、店員に頼まないと買えない店が多いという。だから定額サービスは魅力的だった。しかし、日本ではカミソリはコンビニでも買える。アマゾンで買えば安いし、すぐ届く。サブスクよりもお手軽だし、お得感もある。日本の顧客にはカミソリの定期購入サービスに入るメリットは少なかったのである。

普通に買える商品をサブスクにしても、顧客の手間が増えるだけなので、誰も買わないのだ。

「売れる」サブスクリプションモデルはここが違う

サブスクで成功するには、まず、新しい顧客体験を創り出すことが必要だ。たとえば、今まで高くて手が出なかったものを安くする。あるいは面倒なものを簡単にする。

そして、サービスを継続するためには収益化も必要だ。

これらが両方とも実現できないサブスクは、早めに見切りをつけて撤退すべきだ。

成功するサブスクは、これらをクリアしている。

第5話で紹介した高級バッグ借り放題サービスを提供するラクサスもサブスクだ。

女性にとって高級バッグ選びは一大イベント。なにしろ30万円以上の投資である。

買った後に「なんか違う」と思ったら、ショックは計り知れない。男性にはなかなか理解できないが、女性にとってバッグ選びはある意味「苦痛」なのだ。

ラクサスは、返済期限なし・いつでも交換可能にして「高級バッグを選ぶ苦しみ」から女性を解放したのである。価格比較サイトなどを見てから申し込んでいる人が多いという。

ラクサスに入れば、女子会にはシャネルのショルダーバッグ、仕事にはエルメスのトートバッグ、デートにはセリーヌのハンドバッグ、というようにTPOで使い分けられる。いつも同じカバンを使う男性は「どこが違うの」と思ってしまうが、女性にとってはまったく違う。

ラクサスの児玉昇司社長によると、「返済期限をなくし、選ぶ苦しみから解放するには、サブスクしかなかった」。サブスクは、顧客の悩みを解決する手段だったのだ。

ラクサスは、有料サービスを使い続ける顧客の継続率を最重要指標として見ている。

顧客継続率は平均90%。9カ月以上使い続ける顧客は95%以上。顧客に使い続けてもらうには、高い顧客満足度の徹底追求が必要だ。そこでバッグの品揃えを強化し、たくさんあるバッグから欲しいバッグが見つかるように、AIでマッチングをしたりしている。

もう一つ紹介しよう。月5800円で新品の服をレンタルし放題のサービス「メチャカリ」を提供しているのが、女性向けのアパレルショップ「アースミュージック&エコロジー」などを展開しているストライプインターナショナル（以下ストライプ）だ。

一度に借りられる服は3着まで。返却すれば何着でも借り換えられるので、レンタル数の上限はない。返却には1回380円の手数料がかかる。対象は50ブランド、1万着だ。

これは「お洒落な服が借り放題だったら、助かります」という女性の声に応えるために始めたサービスだ。

「これで儲かるのか？」と思ってしまうが、すでに黒字化の目処《めど》はついている。

ストライプは、メチャカリで返却された服を自社サイトで中古販売している。返却されるのは数回しか着ていない服がほとんどで、古着よりも高く売れる。中古販売の消化率は95%。商品定価に対してメチャカリで2割、中古販売で5割、合計で定価の7割を回収できる。通常の服は平均だと定価の4割引販売なので、定価の6割しか回収できない。

さらに、メチャカリはストライプのECサイトと物流倉庫を共有しているので、サブスク専用の在庫を抱える必要もない。売れ残りリスクを抱える心配もない。

メチャカリのほうが、通常の店舗販売よりも利益率が高いのである。

損益分岐点は有料会員数1万1000人だが、すでに、2019年7月時点で1万3000人を超えた。2019年8月現在、知名度向上に向けた広告宣伝費などの先行投資がかさんでまだ営業赤字だが、将来的には有料会員20万人、売上100億円を目指すという。

「売ってからがスタート」

サブスクでは、考え方を根本的に変える必要があるのだ。

これまでの「売り切り」を前提とした商品販売では、販売する時に大きな売上が立つ。「売るのがゴール」だった。だから、販売を目指し一生懸命に頑張ることになる。

一方でサブスクの場合は、販売後に継続的に小さな売上が積み重なっていく。「売ってからがスタート」だ。だから、顧客に使い続けてもらって満足してもらうことで利益が生まれる。

サブスクは「魔法の杖」ではない。難易度は、通常のビジネスよりもむしろ高い。

まず、顧客が「どうしても使いたい」と思ってくれるか？

顧客から見て、お得か？　顧客の課題は解決できるか？

商品やサービスの魅力を、継続的に高め続けて、顧客体験をアップデートし、顧客を飽きさせないことができるか？

そして、顧客の成功のために本当に役立つか？

第12話で紹介したカスタマーサクセスは、そのために生まれた新しい仕事である。

さらに、サブスクへの投資を、長期的に回収できるか？


サブスクは、売ろうとしてはいけない。

サブスクを使い続けてもらうためには、売った後も継続した努力が必要なのだ。

| POINT |

サブスクは売ってからがスタート。顧客体験をアップデートし続けろ

長めのあとがき　売れない失敗こそ、バカ売れの種

誰もが期待していた新規プロジェクトが、行き詰まっている。

もはや失敗は誰の目にも明らか。しかし、誰もそれを言い出せない。

「何が悪いのか反省会をしよう」と言うと、「みな真面目にやっている。犯人探しはよくない」と強く反対される。組織で評価されるのは、やる気と正論。

失敗は極度に嫌悪され、失敗を検証する反省会は「後ろ向きの議論」と忌避される。

「これって、もしかしてウチのことですか？」という人は多いかもしれない。

このような組織は、低迷からなかなか抜け出せない。

いま、多くの日本企業がこの状況に陥っている。

売れずに失敗したのはなかったことにして、「次は成功させよう」と新商品開発に取り組んだり、「前期の売上げ未達は終わったことだ。忘れよう。今期は何が何でも目標達成だ」

とセールスにまい進したりするビジネスパーソンは少なくない。

しかし、失敗には必ず原因がある。失敗を放置して新しい挑戦をしても、失敗の原因が消えることはない。また失敗して売れないことを繰り返すだけだ。

現実には、失敗は貴重なチャンスだ。このチャンスを自ら手放しているのである。

ファーストリテイリングで30億の赤字を出して作った「失敗の小冊子」

ユニクロを展開するファーストリテイリングは、2002年に生鮮野菜の生産・販売をする新規事業「SKIP」を始めた。「なぜアパレルのユニクロが、まったく畑違いの野菜を?」と思ってしまうが、勝算があった。

ファーストリテイリングはアパレル業界で、生産・流通の合理化を徹底させてムダを省き、低価格で良い商品を提供してきた。そんなファーストリテイリングから見ると、野菜の生産と流通はムダだらけに思えた。「アパレル業界で培ってきた合理化スキルが活かせる」と考えたのである。しかも当時は、食の安全・安心に人々の注目が集まり始めていた時期。

そして、安心して食べられるおいしいものがなかった。大きなチャンスと考えたのだ。

そこで、1999年にファーストリテイリングに転職した柚木《ゆのき》治《おさむ》さんは、新規事業SKI

Pを役員会に提案した。

役員は全員反対したが、柳井正社長（当時）だけは違った。

「やってみろ」

2002年、こだわり野菜を実店舗9カ所とネットで販売するSKIPがスタート。しかしSKIPは、ファーストリテイリング史上、最大級の失敗プロジェクトとなる。1年半後に30億円の大赤字を出した末、柚木さんと柳井社長は撤退記者会見を開いた。

柚木さんは「会社を辞めるしかない……」と腹をくくった。

しかし、柳井社長はこう言ったという。

「1回失敗したくらいで何を言っている。経験を次に活かせ。そして、カネを返せ」

それだけではない。柳井社長は、社内の課長職以上を全員集め、反省会を開催した。マネージャーたちは「あの野菜事業はとんでもない」と率直な意見を出し合った。

反省会で出された反省ポイントは、三つあったという。

①顧客ニーズの把握が甘かった。「よいものを作れば売れる」という商品中心の考え方で、顧客の視点がなかった。多忙な主婦は1カ所で全部買いたいと考えていたが、S

KIPは野菜だけ。しかも、通販で商品が選べない。
②野菜の生産・流通・小売りの全行程について勉強不十分だった。ユニクロは「農産物の企画・生産・流通を全部コントロールすればOK」と考えた。しかし実際には、農産物業界の人たちはこれで何十年も苦労してきた。ファーストリテイリングはアパレルでは業界経験を蓄積していたが、農産物業界では経験がなかった。
③パートナーである関係者への影響に関する認識が甘かった。農家、出店先の百貨店などの期待を裏切ってしまった。

柚木さんは、この反省会の結果を小冊子にまとめた。

SKIPの大失敗から、ファーストリテイリングは確実に学んだのである。

そして数年後、柚木さんは大赤字だったGU事業の副社長を任された。

SKIPの大失敗から、柚木さんは「消費者にインパクトを与える商品が必要だ」と考え、990円ジーンズを投入。大ヒットさせてGUは黒字化し、息を吹き返した。

しかし、その成功も長くは続かなかった。1年経つと売上は前年を割り始めた。

そんな時、柚木さんはGU社長に指名される。ちょうどH&MやForever21などの強力な外資系ファストファッションが次々と日本に上陸している時期だった。「廉価版ユニクロなんて誰も求めていない」と考えた柚木さんは、どういう商品があれば消費者は嬉しいかを考え抜いた。女性社員に「どういう服が欲しいか？」と聞いて回ると、「日本人がデザインしているファストファッションって、ありそうでない」

これがヒントになり、外部デザイナーに委託していたのを、自社デザイナーに切り替えた。その後GUは成長を続けている。

ＳＫＩＰは、ファーストリテイリングの数多い失敗プロジェクトの一つに過ぎない。

１９９７年にはスポーツカジュアル「スポクロ」やファミリーカジュアル「ファミクロ」をオープンしたが１年以内で撤退。

２００１年にはロンドンで海外１号店を出店したが、１年半で英国21店舗中16店舗を閉鎖。その後もユニクロは海外事業で試行錯誤を繰り返してきた。

「数え切れないほど失敗している」が口癖の柳井さんは、『一勝九敗』（新潮社）という著書も出している。ユニクロは数多くの失敗をしているが、失敗しても素早く見切って損切りしている。そして、失敗から確実に学んでいる。だから、ユニクロは成長しているのだ。

ＳＫＩＰに挑戦した２００２年に３０００億円だった売上は、２０１８年には２兆円。実に７倍の成長だ。さらに失敗が続いた海外事業の売上は、いまや売上全体の50％を超えた。

１勝９敗でもいい

新商品や新規事業プロジェクトが成功するかどうかは、いくら調べても事前には絶対にわからない。

必要なことは、「こうしたらうまくいくはず」という仮説を考えたらすぐに実行。必ず結果を検証し、対策を立てるというフィードバックのループをひたすら回し続けることだ。さらに失敗は早めに見切り、痛手になる前に損切りする。そして、このフィードバックループを、社内のあらゆるところで回していく。

その中から大きく化ける商品や新規事業が生まれてくる。１勝９敗でも、９敗を帳消しにしてお釣りが来るくらいの１勝をあげればいい。

「でも、失敗するのは、どうしても嫌だ」

こういう人も少なくない。

1勝9敗でも、成功する理由

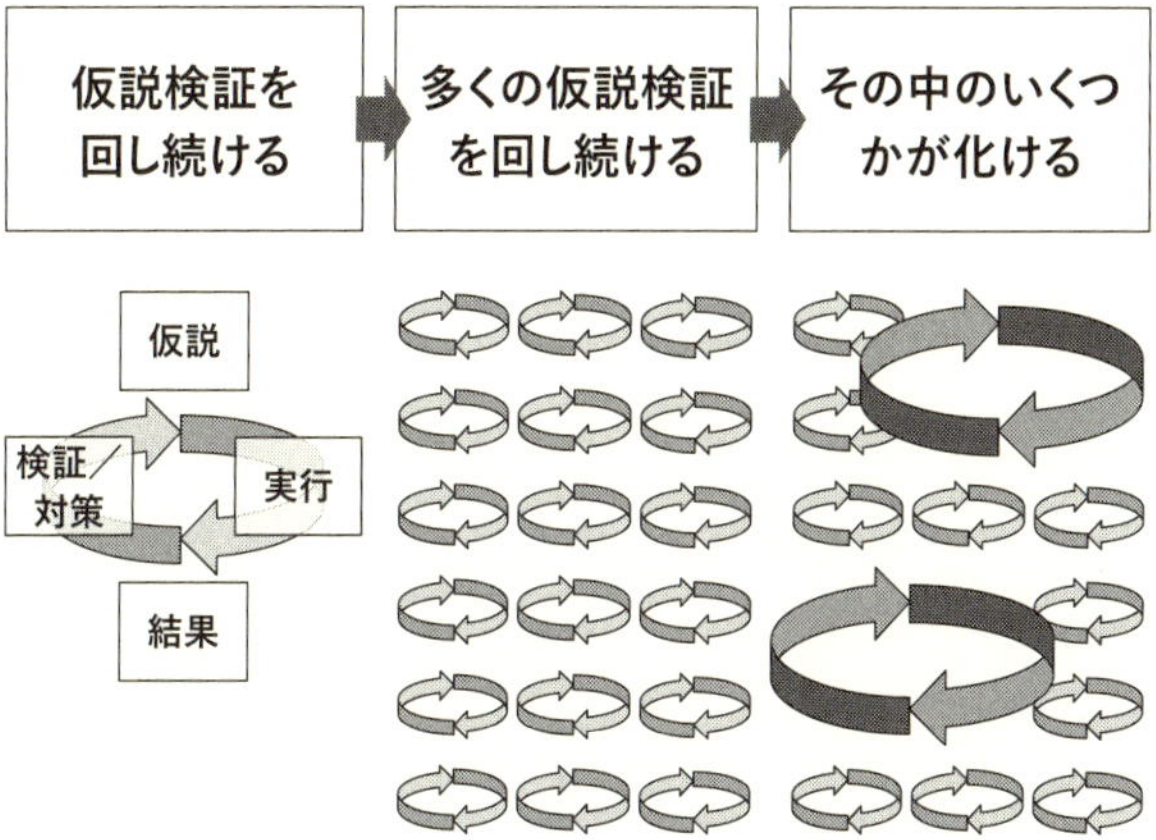

仮説検証を回し続ける
多くの仮説検証を回し続ける
その中のいくつかが化ける
仮説
実行
結果
検証／対策

世の中には、失敗が絶対に許されない業界もある。

鉄道業界や航空業界はその代表だ。航空機エンジンの整備士は、わずかな見落としミスで何百人もの命を危険に晒《さら》してしまう。だから、リスクは徹底的に回避し、安全運行第一だ。事故は絶対に許されない。

お金を扱う銀行業界も勘定ミスは許されない。

電力・ガス・水道も人々の命を預かるライフラインだ。

もし「自分はどうしても失敗を許せない」という人は、このような業界に行くと、自分の強みを存分に活かせるかもしれない。

いまの日本の問題は、この「失敗は許されない」を、全員に強要していることだ。

数十億年前に単細胞だった生命が人類に進化したのも、実は、失敗の積み重ねの賜物だ。生殖で遺伝子をコピーする段階でエラーが起こり、突然変異体が生まれる。その中から環境に適合したものが選ばれ、生き残る。このプロセスが、気が遠くなるような長期間にわたって繰り返され、いまの私たちがいる。

誰もが失敗を極度に怖れて挑戦しない社会は、何の進化も生み出せない。

多くの人が失敗を怖れるから、売れない。だから日本は長期停滞に陥っている。

日本人が失敗を怖れているのは、「失敗は恥だ」と怖れているからだ。

米国人や中国人は、失敗しても悪びれない。

あっけらかんと「失敗したよ」とオープンだ。失敗への考え方が、違うのだ。

文化人類学者ルース・ベネディクトの著書『菊と刀』（現代教養文庫）に、「罪の文化と恥の文化」という一節がある。

欧米キリスト教は、「罪の文化」。過ちは懺悔《ざんげ》すると軽くなる。

日本は、「恥の文化」。過ちは公《おおやけ》になるとさらに重くなる。「失敗＝過ち＝恥」と考えるから、日本人は失敗を認められず、失敗から学べないのだ。

ならば「失敗＝学びの共有財産」と発想を転換すれば、失敗から学べるようになる。日本人は学びや組織で共有することが大好きだ。日本人の資質を活かせるようになる。

実際に日本には、そのように失敗から学び成長する会社もある。

大阪府堺市の「太陽パーツ」には「大失敗賞」がある。「おまえ、ど派手にやりよったなぁ」と表彰状と賞金2万円を渡している。社長いわく、「萎縮するのが一番あかんねん。失敗して初めて次の課題が見える。笑い飛ばして行動あるのみや」。そう言う社長自身が「大失敗賞」をもらっている。会社は1983年の設立以来、黒字経営が続いている。

マツダの生産工場も「失敗大賞」で新しいことに挑戦して失敗した人を表彰している。貴重な共有財産である失敗から学ばないのは、実に「もったいない」ことなのだ。

世の中が進歩するのは、失敗からの学びのおかげである。

失敗からの学びを奨励する会社になれば、成長していくのだ。

どんどん新しいことに挑戦しよう。もちろん時には失敗もある。その時はしっかり学ぼう。

| POINT |

売れない失敗こそが、次のバカ売れの種である

参考情報

第1話

・「ネスレ「コーヒー大使」50万人へ、公民館やトラックに」（日本経済新聞、2015／1／12）

・「ネスレ日本 徹底解剖」（週刊ダイヤモンド、2016年10月1日号）
ネスレ日本がネスカフェアンバサダーに挑戦した経緯やビジネス状況がまとまっている。

第2話

・「この一手にフォーカス／ジー・ユー「GUスタイルスタジオ」リアル店舗とECを融合したGU初のショールーミング店が開業」（月刊激流、2019／2）
GUスタイルスタジオの挑戦が紹介されている。

・「2019年3月期　決算説明と今後の展望」（株式会社丸井グループ、2019／5／14）

・「共創通信 vol.06 2019年3月期 報告書」（株式会社丸井グループ、2019／5／14）
ショッピングセンター化、さらにデジタル・ネイティブ・ストア化に変革しようとしている丸井の戦略と成果がまとまっている。

・「試作も展示 蔦屋家電の新機軸」（日経産業新聞、2019／5／22）

・「日本初のネット時代の次世代型ショールーム〝蔦屋家電＋〟2019年4月、二子玉川にオープン」（PRTIME

S、2018／12／14）

蔦屋家電の挑戦を紹介している。

第3話

・「出版市場、ピークの半分以下　18年約1兆2800億円台に」（日本経済新聞、2018／12／25）

出版科学研究所によると、紙の出版販売額は、ピークだった1996年（2兆6563億円）と比べて2018年は14年連続で前年実績を下回り、約1兆2800億円台だという。半分以下に縮小している。

・「「書店が果たさねばならない役割がある」――ジュンク堂新宿店〝最後の本気〟」（ITmedia News、2012年4月2日　https://www.itmedia.co.jp/news/articles/1204/02/news043.html）

ジュンク堂新宿店閉店フェアの様子がまとまっている。

・「日販グループ――コーヒーが誘う、読書欲」（日経産業新聞、2019／5／15）

文喫の挑戦がまとまっている。

第4話

・『フェラーリ・ランボルギーニ・マセラティ　伝説を生み出すブランディング』（越湖信一著、KADOKAWA）

イタリアのスーパーカーがいかにブランドを生み出しているかを探っている。日本のものづくりに大きなヒントを与えてくれるはずだ。

・『ゲーム理論で勝つ経営』（A・ブランデンバーガー＋B・ネイルバフ著、日本経済新聞社）

ビジネスで役立つゲーム理論について、実例を挙げてわかりやすく解説している。

・『影響力の武器［第三版］』（ロバート・B・チャルディーニ著、誠信書房）
希少性と心理的リアクタンスについて解説している。

第5話

・「月額6，800円、継続率91・6％！「ラクサス」はブランドバッグのレンタルで、新しいシェアリングエコノミーを創る」（https://industry-co-creation.com/catapult/31414：2018年5月30日）
ラクサスが顧客をどのように選び月額6，800円を実現したかが紹介されている。

・「【THE行列】毒舌健康カレー」（テレビ東京 ワールドビジネスサテライト、2018／11／9）
吉田カレーを紹介している。

・『ゲーム理論で勝つ経営』（前掲）
アスパルテームの事例を紹介し、「市場のゲームが自分の参加でどう変わるかを考えることが大事。競争をタダで与えてはいけない」と述べている。

・『戦略販売』（R・B・ミラー＋S・E・ハイマン著、ダイヤモンド社）
「理想の顧客」の定義方法が紹介されている。

第6話

・「利益の源泉は「無駄」と「非効率」栃木最強 サトーカメラの不思議な経営」（日経ビジネス、2015年12月14日号）

サトーカメラの挑戦を紹介している。

第7話

・『戦略販売』（前掲）
法人セールスの戦略的な考え方を紹介している。4つの反応モード「成長志向型」「トラブル型」「平静型」「自信過剰型」を見極めた上で、最初の二つの案件に集中すべきとしている。

第8話

・「イノベーション異論第1回　「予算達成はどうでもいい」　一休社長が〝極論〟を言う理由」（日経xTREND、2018年12月11日）
一休・榊淳社長の話が紹介されている。
・『人を伸ばす力』（エドワード・L・デシ＋リチャード・フラスト著、新曜社）
外発的動機付けや、目標設定、競争で、内発的動機付けが弱まると述べている。

第9話

・『イノベーションのジレンマ』（クレイトン・クリステンセン著、翔泳社）
ウィンダミア・アソシエーツの「購買階層」という製品進化モデルを紹介している。

第10話

・「渡邉英彦「富士宮やきそば学界」会長に聞く　B級ご当地グルメによる地域活性化成功の秘訣　ダジャレを使った情報発信で予算ゼロのプロモーションを展開」（近代セールス、２０１１／９／11）
・「ふるさとを救うあの手この手」（週刊ダイヤモンド、２００９年10月３日号）
・「「富士宮やきそば」に学ぶ」（ＴＫＣ戦略経営者、２０１０／８／１）
富士宮市の挑戦を紹介している。尽力された渡邉さんは、２０１８年年末に逝去された。ご冥福を祈りたい。
・『企業戦略論【上】』（ジェイ・Ｂ・バーニー著、ダイヤモンド社）
「価値があり、かつ希少であり、さらに模倣コストが大きい」経営資源が企業組織の強みであること。自社の経営資源の独自性（強み）は自分たちにとっては当たり前になっていて過小評価しがちなので、外部から手助けを得て把握する方法が有効であることを述べている。
・『コア・コンピタンス経営』（ゲイリー・ハメル＋Ｃ・Ｋ・プラハラード著、日本経済新聞社）
コア・コンピタンスの考え方を紹介している。

第11話

・『ダン・Ｓ・ケネディの世界一ずる賢い価格戦略』（ダン・Ｓ・ケネディ＋ジェイソン・マーズ著、ダイレクト出版）
ウォルマートの進出に悩む模型店店主へのアドバイスが紹介されている。
・『売れる仕組みをどう作るか　トルネード式 仮説検証』（永井孝尚著、幻冬舎）
ジャパネットたかたの事例が紹介されている。

・『選択の科学』（シーナ・アイエンガー著、文藝春秋）
有名なジャム実験を行った結果を紹介している。

第12話

・『顧客ロイヤルティのマネジメント』（フレデリック・F・ライクヘルド著、ダイヤモンド社）
顧客ロイヤルティの考え方が広まるきっかけとなった名著。
・『ジョブ理論』（クレイトン・M・クリステンセン他著、ハーパーコリンズ・ジャパン）
顧客が片づけなければならない用事（＝ジョブ）がイノベーションを生み出すと提唱している。
・『でんかのヤマグチさんが「安売り」をやめたワケ』（山口勉著、宝島社）
町田の電器屋「でんかのヤマグチ」の挑戦が書かれている。
・『応援される会社　熱いファンがつく仕組みづくり』（新井範子、山川悟著、光文社）
でんかのヤマグチで、遠距離に住む息子が母に30万円台のテレビを買ったエピソードが紹介されている。
・「令和 はばたく新職種　ＸａａＳ時代は「共感とデータ」販促・人事 戦略的に」（日経産業新聞、２０１９／７／31）
セールスフォース・ドットコムのカスタマーサクセスを紹介している。

第13話

・「企業：小林製薬　アイデア厳選　即製品化」（日刊工業新聞、２００７／８／22）
小林製薬の取り組みが紹介されている。

第14話

・『なぜ顧客は逃げてしまうのか』（ジェフリー・J・フォックス著、光文社）
8つの広告禁止用語を紹介している。

第15話

・「想像を超えた「仕事論」の数々。倉持由香は間違いなく、売れるべくして売れた」（新R25、2018／3／13）
倉持由香さんのインタビューが紹介されている。
・『グラビアアイドルの仕事論』（倉持由香著、星海社新書）
倉持さんの仕事哲学が凝縮している。

第16話

・『ZERO to ONE』（ピーター・ティール＋ブレイク・マスターズ著、NHK出版）
ペイパルの事例が紹介されている。
・『メイド・イン・ジャパン　逆襲のシナリオ』（NHK取材班著、宝島社）
ハイアール張瑞敏CEOのインタビューが掲載されている。
・『キャズム　Ver.2』（ジェフリー・ムーア著、翔泳社）
ドキュメンタムの事例が紹介されている。
・『アントレプレナーの教科書［新装版］』（スティーブン・G・ブランク著、翔泳社）

顧客開発モデルを提唱している。

・『ロングセラーが会社をダメにする』（大山健太郎著、日経ＢＰ社）

アイリスオーヤマがコメビジネスに乗り出した狙いが紹介されている。

第17話

・「【人間発見】串カツ田中ＨＤ社長 貫啓二さん」（日本経済新聞 夕刊、２０１９／４／８）

全面禁煙に踏み切った串カツ田中の社長が、その狙いを語っている。

・『売上につながる「顧客ロイヤルティ戦略」入門』（遠藤直紀＋武井由紀子著、日本実業出版社）

主婦を集めて欲しい皿をインタビューした事例が紹介されている。

・「熱狂顧客がなぜ冷める　縮小市場で飽きられない12の戦術」（日経ビジネス、２０１８年11月19日号）

『レタスクラブ』の挑戦を紹介している。

・「（キャリアの原点）「よそ者」視点で異例の復活　読者の「日常」に迫る」（日経産業新聞、２０１９／３／29）

レタスクラブ編集長のインタビューを掲載している。

・「花王社長　尾崎元規氏（上）ヒット商品、波頭つかむ（私の課長時代）」（日本経済新聞、２０１０／４／19）

ピュアシャンプーを開発した時の様子を語っている。

・『発想する会社！』（トム・ケリー＋ジョナサン・リットマン著、早川書房）

デザイン思考の原点となった本。ワルシャワのソフトドリンク会社の事例も紹介されている。

第18話

・『T．レビット マーケティング論』（セオドア・レビット著、ダイヤモンド社）

フォロワー戦略の有効性について述べている。ただし50年以上前の論文だ。

・「製造業販売活動実態調査」（中小企業研究所、２００４年11月）

ヒット商品のライフサイクルについて調査した結果が掲載されている。

・『コトラー＆ケラーのマーケティング・マネジメント 第12版』（フィリップ・コトラー＋ケビン・レーン・ケラー著、丸善出版）

製品ライフサイクルを紹介している。

第19話

・「データで読む消費 透明飲料、定番の道遠く「味変わらない」の声も」（日本経済新聞、２０１８／７／19）

透明飲料の実売データを紹介している。

・『あのブランドの失敗に学べ！』（マット・ヘイグ著、ダイヤモンド社）

世界的なブランド60件の失敗事例を分析している中に、ニューコークの失敗も紹介している。

・「3D television」（英語版 Wikipedia, https://en.wikipedia.org/wiki/3D_television：２０１９年5月7日）

３Ｄテレビのビジネス状況を紹介している。

第20話

・「潜在ニーズを探る　問題意識がビジネス生む」（日刊工業新聞、２００７／６／６）

トリダスの事例が紹介されている。

・「タブーを逆手に革新力」（日経ビジネス、2018年12月17日号）

マンダム「ビフェスタ」の事例が紹介されている。

第21話

・「ダイナミック・プライシング　買わせる時価、買いたい時価」（日経ビジネス、2019年3月18日号）

星野リゾートの星野代表がBEB5の狙いについて語っている。

・『ブルー・オーシャン・シフト』（W・チャン・キム＋レネ・モボルニュ著、ダイヤモンド社）

シチズンMの事例をブルーオーシャン戦略に沿って解説している。

第22話

・「「飲食店の味方になりたい」予約アプリの旗手の逆転劇　トレタ 代表取締役 中村仁」（週刊東洋経済、2019年7月27日号）

第22話冒頭の居酒屋の事例は、トレタの創業者・中村さんが2000年に会社員をしながら西麻布に開業した居酒屋の話に基づいている。その後、中村さんは「西麻布　豚組」「豚組　しゃぶ庵」などを成功させた後、飲食業界を支援するシステムを提供している。

・「経営教室「反骨のリーダー」　大倉忠司社長（鳥貴族）の「うぬぼれ」てなんぼ」（日経ビジネス、2018年9月10日号）

鳥貴族の大倉社長が、価格戦略の狙いを語っている。

・「創業トップに聞く「私の価格哲学」（株）鳥貴族　大倉忠司氏」（月刊食堂、２０１９年８月号）
大倉社長が、価格戦略の考え方や２０１７年の値上げで客離れが起こった要因について語っている。
・「ＤＧ ＴＡＫＡＮＯ 町工場の「眠れる技術」を形に」（日経ビジネス、２０１８年１月22日号）
節水ノズル・バブル90を開発したＤＧ ＴＡＫＡＮＯを紹介している。

第23話

・「買わない時代のサブスク事業構築法」（日経xＴＲＥＮＤ、２０１８年12月号）
Tokyo Shave Club などの事例が紹介されている。
・「月額６，８００円、継続率91・６％！「ラクサス」はブランドバッグのレンタルで、新しいシェアリングエコノミーを創る」（前掲）
ラクサスの事例が紹介されている。
・「ストライプの衣料品サブスク、ＤＬ数１００万の３戦略　全点新品で顧客増・リユース転売・返却を簡略化」（日経ＭＪ、２０１９／８／５）
メチャカリの最新状況を紹介している。
・「アマゾンに勝つ経営」（週刊東洋経済、２０１９年１月26日号）
メチャカリの事例が紹介されている。

長めのあとがき

・「特集2―失敗の研究―Case1　ユニクロ野菜の失敗から「g.u.」の成功へ―1回でうまくいくはずがない。失敗を糧にせよ」（日経ビジネスアソシエ、2012年11月号）

SKIPを提唱した柚木さんへのインタビューが掲載されている。

・『アダプト思考』（ティム・ハーフォード著、武田ランダムハウスジャパン）

試行錯誤により進化がもたらされることを紹介している。

・「「大失敗賞」に2万円　ほめまくる部品工場の経営術」（日本経済新聞、2016/1/17）

太陽パーツの大失敗賞を紹介している。

・『売れる仕組みをどう作るか　トルネード式 仮説検証』（前掲）

失敗は学びの共有財産と考えるべきだと提唱している。

・『菊と刀』（ルース・ベネディクト著、現代教養文庫）

第二次世界大戦で日本と戦っていた米国が、「戦後の日本占領のためには日本文化を理解する必要がある」と考え、文化人類学者の著者に研究を委託し、書き上げられた本。

キリスト教に基づく欧米の「罪の文化」では、罪を犯した人間はその罪を包み隠さず告白することで楽になるのに対し、日本の「恥の文化」では、罪の重大さよりも恥の重大さに重きを置くので、過ちを告白するとむしろ苦しくなる、としている。

PHP新書
PHP INTERFACE
https://www.php.co.jp/

永井孝尚［ながい・たかひさ］

慶應義塾大学工学部を卒業後、日本ＩＢＭ入社。マーケティングマネージャー、人材育成責任者として同社ソフトウェア事業の成長を支える。2013年に日本ＩＢＭを退社後、ウォンツアンドバリューの代表に就任。執筆の傍ら幅広い企業や団体を対象に、毎年2000人以上に講演や研修を提供している。著書にシリーズ60万部『100円のコーラを1000円で売る方法』（KADOKAWA）、『なんで、その価格で売れちゃうの？』（PHP新書）ほか多数。

永井孝尚オフィシャル・サイト
https://takahisanagai.com

売ってはいけない
売らなくても儲かる仕組みを科学する

PHP新書 1203

二〇一九年十月二十九日　第一版第一刷

著者——永井孝尚
発行者——後藤淳一
発行所——株式会社PHP研究所
東京本部——〒135-8137 江東区豊洲5-6-52
第一制作部PHP新書課 ☎03-3520-9615（編集）
普及部 ☎03-3520-9630（販売）
京都本部——〒601-8411 京都市南区西九条北ノ内町11
制作協力 組版——株式会社PHPエディターズ・グループ
装幀者——芦澤泰偉＋児崎雅淑
印刷所 製本所——図書印刷株式会社

ISBN978-4-569-84399-5

ＰＨＰ新書刊行にあたって

「繁栄を通じて平和と幸福を」（PEACE and HAPPINESS through PROSPERITY）の願いのもと、ＰＨＰ研究所が創設されて今年で五十周年を迎えます。その歩みは、日本人が先の戦争を乗り越え、並々ならぬ努力を続けて、今日の繁栄を築き上げてきた軌跡に重なります。

しかし、平和で豊かな生活を手にした現在、多くの日本人は、自分が何のために生きているのか、どのように生きていきたいのかを、見失いつつあるように思われます。そして、その間にも、日本国内や世界のみならず地球規模での大きな変化が日々生起し、解決すべき問題となって私たちのもとに押し寄せてきます。

このような時代に人生の確かな価値を見出し、生きる喜びに満ちあふれた社会を実現するために、いま何が求められているのでしょうか。それは、先達が培ってきた知恵を紡ぎ直すこと、その上で自分たち一人一人がおかれた現実と進むべき未来について丹念に考えていくこと以外にはありません。

その営みは、単なる知識に終わらない深い思索へ、そしてよく生きるための哲学への旅でもあります。弊所が創設五十周年を迎えましたのを機に、ＰＨＰ新書を創刊し、この新たな旅を読者と共に歩んでいきたいと思っています。多くの読者の共感と支援を心よりお願いいたします。

一九九六年十月

ＰＨＰ研究所